レポート指導のトリセツ

学生がつまずくポイントを徹底解説

藤浦五月
Satsuki Fujiura

ナカニシヤ出版

はじめに

学生たちに安心してつまずいてもらうために「つまずくポイント」のサキドリを

　初年次教育を担当していると，私たち担当教員は，学生に対して「レポートの型や構成を教えたはずなのに……」「書き言葉・話し言葉の違いを教えたはずなのに……」「なぜ書けないのだろう，どのようにサポートすれば書けるんだろう」と思うことがあります。この本を今まさに手に取ってくださっている方も，そのような経験をお持ちかもしれません。

　本書では，約2,000名が受講する初年次教育におけるレポート執筆の授業と調査を通して筆者らが得た知見を，①教員が遭遇したお困り場面，②指導の工夫にわけて紹介し，現場でのご指導や授業改善に役立てていただくことを狙いとしています。

　しかし，一方で私たちはレポート執筆の指導において教員は**「学生に間違わせないこと」「教員が指示をしたことを正しく繰り返すこと」**をゴールにすべきではないと考えています。なぜなら，レポートを書くことは「思考の実験」だからです。唯一の書き方や答えがないことに挑みます。資料を多様な角度から読み込み，「こう思っていたけれど違うかもしれない」「この資料の解釈は違う解釈も可能かもしれない」と，自分の考えを保留したり，間違いを受け止めたりすることも必要です。

　だからこそ，構成やルールも含めて，**レポートの書き方を学ぶ過程では，間違いやつまずきが許容される環境であってほしい**。そうした姿勢を学生自身が受け止め，また成長を実感できる環境であってほしい。

　学生たちのよくつまずくポイントを先に知っておくことで，学生が安心してつまずき，またそれに気づき成長する環境を作る。それが本書の狙いです。

　そして教員だって，日々試行錯誤です。だから，私たちもつまずいてもいい。このテキストは，先生たちにとっても「つまずかないための本」ではなく，安心してつまずくための本です。

　ああ，ここはもう少し上手いやり方があったかもしれないな，他の先生はこんな風にしていたのか，今度はこの方法を試してみようかな，あの学生にはこの方法がいいかな，など考えてもらうヒントにしていただきたいと思います。

　この本を読んでいる多くのみなさんも，学生と一緒につまずきながら，共に進め方を考えていきましょう！

この本ができるまで

　学生はどれぐらい書くことに苦手意識を持っているのでしょうか。2018 年度，約 2,000 名が受講した初年次教育のレポート執筆のための授業アンケート結果（有効回答数：1,669）をみてみましょう。

　アンケートでは，「書くことに対する意識」を「大変得意だ」「まあまあ得意だ」「どちらとも言えない」「あまり得意ではない」「全く得意ではない」という 5 段階で聞きました。その結果，**書くことに苦手意識を持つ学生は全体の 48.6%**（全く得意ではない 13.9%，あまり得意ではない 34.7%）でした。「どちらとも言えない」は，26.3%，得意だと感じている学生は全体の 25.3%（大変得意だ 4.6%，まあまあ得意だ 20.7%）でした。

　これから大学で学びを深めていく学生の半数が「書くことに苦手意識」を持ったまま大学生活をスタートしてしまっては，その後はなかなかの茨の道です。

　私たちは，初年次というタイミングで行うレポートの授業の大きな狙いとして，「苦手意識の克服」を掲げました。レポートや論文の書き方は，一つの授業を受講したからといって，完璧にできるようにはなりません。何度もレポートを書いたり，ゼミなどで先生に指導してもらったり，自分でも色々な論文を読んだりして少しずつ上達していくものです。

　「徐々に育てていく能力だ」という位置付けから，初年次においては，レポートの書き方をテーマ決定，資料収集，アウトラインの書き方，レポートの書き方（執筆ルール）など，プロセスを追って学び，**得意とまではいかなくても「なんとか書ける！ 大丈夫！」「苦手ではないぞ！」**という実感を得てもらうことをゴールとしました。

　本実践では，授業後の意識についても同様に匿名アンケートをとりました。その結果，苦手意識を持つ学生は，全体の 17.7%（全く得意ではない 3%，あまり得意ではない 14.7%）でした。苦手意識の克服は概ね達成されており，授業満足度も高いものとなりました（とても良かったと思う 47.7% ＋まあまあ良かったと思う 40.2% ＝ 87.9%）。

　しかし，この実践を作り上げるまでには色々な準備と仕掛け，そして振り返りと改善が必要でした。本書では，**悩みも事例も対策も，調べた結果わかったことも丸ごと詰め込んで，現場の先生方に「あるある！」「あ，これは使ってみよう！」と，共感し，役立ててもらいたい**という思いで作りました。では，次ページより，早速教員のよくある悩みからみていきたいと思います。

先生，ぶっちゃけ，どっちでもいい。 への悩み

　レポートや論文を指導するとき，段落・構成や話し言葉・書き言葉といった形式だけでなく，多くの先生が「考える力」も身につけてほしいと思っているのではないでしょうか。

　私たちも，これまでテーマを指定して立場を選ばせ，その主張の理由を書かせるような指導を行ったことがありますが，「あなたの意見は？」と聞いても「ぶっちゃけ，どっちでもいい」「別に思い浮かばない」といった答えが返ってくることがありました。

　つまり，**考える力以前に，そのテーマについて考える必要性**を感じていなかったのです。

　粘り強く考えるには，テーマについて受動的な姿勢ではなく能動的な姿勢で取り組むことが必要です。**「自分はこう思う」という主張について，相手に「なるほど，確かに！」と言わせたいという気持ちがなければ，真剣に資料を探したり，伝わりやすい表現になるよう工夫したりしません。**

　つまりレポートや論文をわかりやすく書くためには，考える力や伝える工夫が必要ですが，まず考えてもらうためには，テーマに対する学生自身の気持ちが大切だということに私たちは思い至りました。そこで，私たちは，初年次のレポート執筆のための授業で育成する能力を以下の5つに設定しました。

---

1. 能動的な態度で取り組めるテーマを自分で決める
2. 現状をきちんと調べて整理する
3. そのテーマに議論すべき価値があることを示す
4. 論点について自分の立場を決める
5. ルールに従って書く

　これらの5つを磨くためのカリキュラムを作り，そこで学生に思い切りつまずいて成長してもらおうということになりました。

先生，レポート何文字書けばいい？ への悩み

　さぁ，書いてもらおうと学生にレポート課題を出すと，よく聞かれる質問がこれです。このように学生に聞かれるたびに，「いや，字数の問題じゃないんだけど……」と思ったものです。何文字書けているか，ではなく，何がどう書けているか，ですよね。実は，「1200 字くらいかな」と回答していた頃もありました。その根拠は，A4 一枚におさまりこちらも指導しやすいかな……という思いでした。しかし本来，中身が大切であれば「このような内容を書くには，何文字程度必要か」と，具体的な内容があり，字数は後からついてくるはずです。

　学生からレポートが提出されたとき，教員は「よく書けている」「これは書けていない」と瞬時に判断するのではないでしょうか。それは，教員がその課題において書いてほしい「見本（理想）となるレポート」を無意識のうちに思い描いているからだと思います。

　私たちは，文章でポイントを一つずつ指示するよりも，実際に「見本となるレポート」を見せてしまった方が良いと感じ，見本を作成することにしました。見本を作成する過程で感じたのは，この見本を書き終わると一体何文字ぐらいになりそうかすらわからなかったことです。見本（理想）とするレポートが思い描けていたつもりでしたが，「よく書けている」とは何ができているからよく書けていると感じるのか。「大体できているけれどあと一歩」は，何があと一歩なのか。具体的に形にするとなるとなかなか難しいな……ということでした。

　見本レポートを書くときに一つずつ決めていく必要があったのは，

- 授業の狙いとレポートのタイプ
- レポートの長さ
- 構成・使用する表現
- 引用の要・不要
- 調査する資料の数や資料のタイプ
- 参考文献記述方法，全体のレイアウト，ファイル名の付け方など

です。そこで，先ほどの 5 つの能力と上記の条件を検討しながら以下の見本レポートを作成しました。（宇野・藤浦 2016）。

日本における養子縁組の現状と問題点
血縁重視から関係性重視の社会へ

学籍番号：16000001　名前：海野花子

授業名：日本語リテラシー　提出日：2015 年 11 月 5 日

　最近，あるアーティストが養子縁組で赤ちゃんを迎えたという記事を目にした。その人は，「養子縁組への理解を深めるためにも公表しました」とコメントしていた。私は将来子育てをしたいと思っていたが，養子縁組という選択肢は想定していなかった。なぜ無意識のうちに養子縁組という選択肢を外していたのだろうか。このことこそが養子縁組に関する知識不足・理解不足ではないかと感じ，実子以外の子どもを育てることについて調査してみたいと考えた。本レポートでは，日本における養子縁組の現状について整理し，実子以外の子どもの養育について今後どうあるべきか考察したい。

　『日本国語大辞典』（第二版）によると，養子縁組とは，事実上親子関係にない者の間に法律上親子と同様の親族関係を生じさせる法律行為である。『法律用語辞典』（第四版）によると，養子縁組には普通養子縁組と特別養子縁組の二種類がある。普通養子縁組は，戸籍に養子であることが明記され，生みの親との法律上の絆も消えない。一方，特別養子縁組は，養子であることは明記されず，生みの親との法律上の絆は切れる。特別養子縁組は，子どもの年齢は 6 歳以下で，養親も 25 歳以上の夫婦であることなど普通養子縁組よりも制約が多い。本レポートでは，普通養子縁組と特別養子縁組を区別せず「養子縁組」という言葉を使用し，どちらかの意味で使用する場合は区別して記述する。また，養子縁組の他に実子以外の子どもを家庭で養育する制度として里親制度がある。『日本国語大辞典』（第二版）によると，里親制度とは，都道府県知事が適当と認めた家庭が，家庭に恵まれない子どもを預かる場合を指す。里親を経て養子縁組に至るケースもあることから，本レポートでは養子縁組・里親制度の両方の資料を利用する。

　厚生労働省「社会的養護の現状（平成 26 年）」によると，保護者のない児童・被虐待児など家庭環境上保護が必要な児童数は，平成 20 年度は 31,593 名だったという。10 年前の平成 10 年度は 26,979 名であり，少子化にもかかわらず増加している。同調査によると，平成 20 年度の家庭等への委託は全体の 10.5％であった。平成 24 年度の家庭等への委託は 14.8％で，増加してはいるものの 80％以上の子どもが施設に入所している。また，平成 25 年は，登録里親数 9,392 世帯に対し委託児童数 4,578 名であり，家庭への委託は未だ少ない。ヒューマン・ライツ・ウォッチ（2014）は，このような施設偏重傾向に警鐘を鳴らしている。なぜなら，大勢の中の一人として育てられる施設では，特別な存在としての実感を得られにくいなど様々な課題があるからだという。もちろん，施設にも家庭にも長所・短所があるだろう。しかし，現状の両者の割合を

見る限りでは，数ある選択肢の中から子どもにあった環境を選んだ結果であるとは言い難い。子どもにあった環境を選択できるようにするためには，家庭養護も増やしていく必要があるだろう。そのためにも，家庭での受け入れを難しくしている点を二つに分けて考えたい。

　一点目は，生みの親の親権の強さである。日本財団「ハッピーゆりかごプロジェクト」によると，養子縁組や里親委託には，基本的に生みの親の同意が必要なため，同意しない限り施設で暮らすか，里親のもとで育っても法的な親子関係を築けないという。生みの親の同意なしで特別養子縁組が認められるケースもあるが極めて異例である。日本経済新聞（2014年4月8日）によると，生後11日目から7年間育てた養親に，生みの親の同意なしに特別養子縁組が認められた。しかし，生みの親の子どもへの面会も養育費も全くなかったという状況にもかかわらず，「実親の同意がない」という理由で申し立ては二度も棄却され，成立までに7年を要した。このように，日本の法律では生みの親の権利が強く，子どもも養親も長期に渡り生みの親に縛られてしまう。

　二点目は，家庭養護のための行政の仕組みが不十分であることである。「クローズアップ現代」の報道（2014年1月）によると，日本では家庭での養護が実現するまでに時間がかかるケースが多く，子どもが施設にいる期間が長期化する傾向にあるという。その原因として，児童相談所の職員一人当たりが担当する子どもの人数が多すぎて十分な時間がないことや，虐待児童の保護など他の業務もあり施設には少数の職員しか割り当てられないことが挙げられている。日本経済新聞（2015年9月24日）によると，厚生労働省研究班の調査で，特別養子縁組の斡旋を2013年度に実施した児童相談所は全体の6割弱にとどまることが明らかになったという。

　これらの資料からわかることは，日本では保護が必要な子どもと養親になりたい人をつなぐ環境が整っていないということである。現状では，保護が必要な子どもの多くは大勢の中の一人として施設で育ち，養親になりたい人もなかなか迎え入れられず，施設関係者も業務に追われ疲弊しているのである。

　では，今後施設ではなく家庭での養育を促進するためにはどのようなことが必要なのだろうか。私がこの問題を通して考えたことは，血縁よりも関係性によって親子をつなげるべきではないかということだ。例えば，将来子どもと一緒に暮らしたいという意思や行動のない生みの親には，子どもに関する権利を行政や他者に託してもらう措置が必要だ。その一方で，家庭に預けたとしても，その家庭で子どもが愛情を受けて育っているかを定期的に調査すべきである。これらの制度については，既に養子縁組が多く成立している国や地域から学ぶべきであろう。そして，社会に血縁よりも関係性を重視する風潮が広がることも大切だ。先述したアーティストが養子について隠さずに公表したことも，「子どものことを考え，愛しているのであれば生みの親かどうかは関係ない」と社会に訴えるひとつの機会になっている。制度が整っても，社会の人々が養子縁組家庭や里親家庭に対し偏見を持って接していては，幸せであるとは言い難い。制度をどのように整えるかということに加え，社会がどのように受け入れるかということにも目を向けていきたい。（2,499字）

〈参考文献・参考資料〉

NHK クローズアップ現代「"親子"になりたいのに… 〜養子縁組の壁〜」2014 年 1 月 15 日放送〈http://www.nhk.or.jp/gendai/kiroku/detail02_3452_all.html　（参照 2015-10-18）〉

厚生労働省「社会的養護の現状について（平成 26 年 3 月）」〈http://www.mhlw.go.jp/bunya/kodomo/syakaiteki_yougo/dl/yougo_genjou_01.pdf　（参照 2015-10-30）〉

日本経済新聞（2014 年 4 月 8 日）「親不同意でも特別養子縁組認める　宇都宮家裁 "子どものため"」〈http://www.nikkei.com/article/DGXNASDG08033_Y4A400C1CR8000/　（参照 2015-10-27）〉

日本経済新聞（2015 年 9 月 24 日）「養子縁組あっせん，児童相談所の 6 割どまり　職員不足背景に」〈http://www.nikkei.com/article/DGXLASDG24H0H_U5A920C1000000/　（参照 2015-10-18）〉

『日本国語大辞典』（第二版）「養子縁組」〈japanknowledge.com/　（参照 2015-10-30）〉

日本学術振興会「不妊当事者の経験と意識に関する調査（2011）」〈http://homepage2.nifty.com/~shirai/survey03/2010flash.pdf　（参照 2015-10-30）〉

日本財団ハッピーゆりかごプロジェクト〈http://happy-yurikago.net/2014/08/255/　（参照 2015-10-30）〉

ヒューマン・ライツ・ウォッチ（2014）「日本：家庭環境を奪われた施設入所の子どもたち」〈http://www.hrw.org/ja/news/2014/05/01-1　（参照 2015-3-4）〉

『法律用語辞典』（第四版）「普通養子縁組」「特別養子縁組」〈japanknowledge.com/　（参照 2015-10-30）〉

（宇野・藤浦 2016：26–27）

これって，調べもの学習では？

　レポートや論文の型にはさまざまなものがあります。このレポートでは，**学生の興味関心を最優先し，テーマ探求をしながら調べる・考える力を育成すること**を最大の目的としています。テーマを探る過程では，「あなたが興味を寄せた出来事は，これまで・今，どのような状況になっているのか」を把握するために資料をまずは調べてもらい，**「憶測や思い込みで意見を展開するのではなく，まずは調べて状況を整理し課題を見つめる姿勢」**を大切にします。

　学生たちがいずれ書くであろう卒業論文にあてはめるなら，このレポートの内容は卒業論文の「背景」にあたる部分でしょう。つまり，そのテーマを述べる価値，抱える課題を読者にわかってもらう部分です。そのうえで，さらに絞られた観点からより具体的に研究されている論文を何本も読み整理していき，まだ行われていないことや残された課題について研究手法や対象者を決定し調査していくことが多いのではないでしょうか。しかし，さまざまな学科の学生が履修する初年次教育科目では，論文の整理や研究手法などの検討というところまでは難しいのが現状です。まずは，自身の興味と社会について「考える」ところからスタートするのが現実的でした。また，ゼミはともかく，授業で課されるレポートは「〜について書きなさい」というテーマも見られます。そのような場合にも本レポートは役立つでしょう。

　では，今回取り上げたような論文の「背景」に活用できるレポートは，**データや資料に書かれていたことを並べるだけで良いのでしょうか**。ただの調べもの学習なのでしょうか。そうではありません。おそらく読んでいただいたときに，「この人は，血縁というだけで親にさまざまな権限が与えられるのはおかしいと思っている。養子縁組を推進すべきだと思っている」と感じたのではないでしょうか。当然，反対意見を持つ人も世の中にはいるでしょう。そうした人が書く場合は，このような資料選択，構成にはなりません。**複数の資料を調べたなかから，どのような資料を使い，どのように論を展開するかにオリジナリティが出ます**。よって，一つの組織の資料や一人の著作のみに頼って書こうとすると「それ，あなたの意見ではなく，〜さん（著者）の意見ですよね」となります。**複数の資料を多角的に調べて，組み合わせて論を展開していくことが「自分のレポートにするため」に不可欠です**。

　資料を使わない作文や小論文のみしか経験をしていない学生からすると，この辺りに難しさを感じるようで，初めてのトレーニングになります。

2500 字は長すぎる？

　この見本レポートをパッと見せると「うちの学生には難しすぎる」とおっしゃる先生がいます。「2500 文字も！」という先生もいます。しかし，本実践を終えてみると，去年まで高校生だった多くの受講学生が，無事にこの体裁でレポートを書き上げています。受講者を対象としたレポートを書く際の困難点についての調査結果（2018 年度：有効回答数：1,669）を見てみましょう。「字数を増やすこと」「字数を減らすこと」に感じる困難度をみると，「字数を増やすこと」については，「とても難しかった」という回答が15.8%，「やや難しかった」が37.8% でした。一方で，「字数を減らすこと」については，「とても難しかった」が12.6%，「やや難しかった」が33.1% でした。**確かに，字数を増やすことについての困難度の方が高いものの，字数を減らすことについても同じように困難を感じています**。

　この結果は何を指すのでしょうか。まず言えることは，資料を活用し，構成をはっきりと指導する課題においては，一概に「字数が多いから学生には難しい」とは限らないということです。どちらについても一定の難しさを感じているということは，ボリュームを出す部分と絞る部分，それぞれに難しい面があるということです。例えば，資料を使うところでは冗長な引用は避け，わかりやすく要約することを求められるかもしれません。また，良い資料が複数あった場合も，それらを簡潔にまとめるのが難しいかもしれません。一方で，自身の見解についてもう少し記述があった方が良いと感じた場合に，そこにどのようなことを書くべきか悩んだのかもしれません。このように，単に教員も**全体字数で難易度を測るのではなく，学生がどこに悩んでいるのかを把握し，指導することが求められます**。どちらにも困難を感じる場合，どのようなときにその困難を感じるか

を学生自身にも考えさせると，自身の克服すべき課題が具体的に見えてくるでしょう。

　本書で紹介する取り組みは，複数クラスが同時に進行する約 2,000 名／年のプログラムでした。大型のプログラムでしたので，良質なカリキュラム条件を以下のように設定しました（藤浦・宇野・村澤 2019）。

①教育内容・機会（教育項目やタスク遂行のためのスケジュール）ができるだけ均質である
②学生に要求されていること（到達目標）がどのクラスでも一定で大きな差がない
③到達度を測る基準が各クラスでそろっており，採点者による差ができるだけ少ない
④教育を経た結果（①，③），多くの学生が要求されている水準（②）に到達できる
⑤一定水準に到達した（④）結果あるいは教育課程で，学生が更なる探究心を持ったり，苦手意識を克服したりし，自身の専門など別の機会で学ぶ際にも応用しようという意欲を持つ

　一定の条件が揃っていても学生の多くが「もう書きたくない」「辛いだけだった」という感情を抱いてしまっては，学びのスタートを切る初年次科目としての役割を果たしたことにはなりません。「考えて書くことは，実は楽しいことなのかもしれない」「苦手意識を克服できた」という学生を多く生み出すところまでを良質なカリキュラムとして捉えました。この点については，大型カリキュラムであろうが，個別クラスであろうが，共感していただけるのではと思います。その目標達成のための取り組みについてのTips をたくさん盛り込みましたので，読者の皆さんとより良い指導のあり方について考えていけたらと思います。

学生にとって何が難しい？ 学生お困り度と教員の実感

　各章の扉頁には，レポートに関する項目について「学生お困り度指数」を★の数で示しています。これは，約 2,000 名への初年次教育実践が始まって 2 年目（2018 年度）に行ったアンケート調査（有効回答数：1,669）をもとに評価したものです。この年は，1 クラスの人数が 90 名から 40 名に変わりクラスサイズが安定した年です（現在も約 40 名）。カリキュラム自体はスタートして 2 年目と，実践を開始して間もなく，教員も慣れていないことが多かった年でもあります。この年の授業に参加した学生や担当教員の意見や反応は，この本を手にする皆さんが実践に変化を取り入れたときに現れる反応と近いのではないかと考えました。

　それでは，以下の結果をご覧ください。授業で行った活動や，学生から寄せられた相談をもとにアンケート項目を立てています。上から「とても難しかった」「やや難しかった」「どちらとも言えない」「あまり難しくなかった」「全く難しくなかった」という順番です。「どちらとも言えない」を白いブロックにしたので，それより上段が「とても難しい・難しい」，下段が「あまり難しくない・全く難しくない」という回答群だとお考えください。

講義で扱った下記項目の難易度について教えてください（2018 年度）
（※ MUSCAT は学内学修支援システムの名称で，課題の提出などに使用）

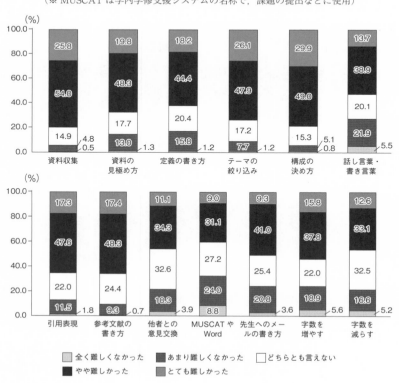

　いかがでしょうか。先生方が指導されてきた感覚と学生のお困り度結果は一致するでしょうか。このアンケートは，最終授業時に行っていますので，**授業を通して学生が「体感」した難易度**が数字に表れています。

　レポートライティングの実践では，テーマを教員が提供している場合や，資料を学生に与えて書かせる場合もあると思います。実際に私たちもテーマや資料を提供しながら書かせる授業も担当してきました。決められたテーマや資料だからこそ鍛えられるスキルもあります。

　一方で，卒業論文では，自分でテーマを絞り込んで決定する力や資料を収集する力が求められることもありますので，テーマの絞り込みや資料収集について，将来学生が困難を感じるかもしれないスキルとして参考にしていただければと思います。

★お困り度指数が高い項目は？

　学生のお困り度指数が高い項目（「とても難しかった・難しかった」の合計＝お困り度が 70% 以上の項目）は，**「資料収集」「構成の決め方」「テーマの絞り込み」**です。

　「資料収集」に関しては，「自分がレポートで使いたい資料がなかなか見つからなかった」「見つけたと思ったが，資料が適切ではないという指摘を受けた」という経験が想像されます。「構成の決め方」は，すなわちアウトラインです。私たちの授業では，学生の作ったアウトラインには教員が個別にフィードバックを行っています。書き手の頭のなかでは，言いたいことと全体の流れがつながっているつもりでも，読み手にとってはそうではないということがたくさん起こります。アウトラインについて色々と指摘されたり質問されたりする段階で，「自分は自分の言いたいことがよくわかっていなかったのだな」と気がつく場面も多々あります。このお困り度実感には，アウトラインの段階でクラスメートや教員から色々なフィードバックをもらい，試行錯誤した様子が現れています。「アウトライン」の作成は，このカリキュラムにおいて非常に重要だと感じている教員が多く，フィードバックにも力が入ります。また，テーマについては，学生が調べる・書くということに楽しさを見出せるよう，私たちの授業では自由テーマにしています。「テーマの絞り込み」は，興味に関係するキーワードは出るけれど，もう一歩踏み込んでレポートテーマとして適切かどうかを考えたり，テーマの中に潜む議論のポイントを考えて絞り込んでいく過程が難しかったのではと想像されます。

　また，「引用表現」「参考文献の書き方」は，一見すると，書き方のルールが決まっておりそれを守れば良い簡単な項目のように思いますが，「話し言葉・書き言葉（お困り度 52.6%）」と比較すると，お困り度は高めです（65% 程度）。ルールを守れば良いと思われる項目でも，実際に学生が取り組む際はお困り度に差があります。このような差を教員側が把握しておくことは，指導において非常に重要です。引用表現については，「〜によると，〜という」という表現を学生は正しく使っているつもりでも，指導している

と,「あれ？どこからどこまでが引用？」ということがよく起こります。そのような指摘や質問から,「できているつもりでできていなかった」「指摘や質問をされても,なかなか正しく直せなかった」という経験があったのではないかと推察されます。参考文献の書き方も同様です。

★お困り度指数が低い項目は？

　学生のお困り度指数が低い項目（お困り度 40% 台の項目）は,「他者との意見交換」「MUSCAT（本学学修支援システム）や Word」「字数を減らす」です。

　お困り度が低い項目＝教員が指導も楽な項目か,というと必ずしもそうではありません。そこが興味深いところです。例えば,他者との意見交換について,教員は,「批判的な目を持って,他者のレポートを読んでほしい。矛盾しているところがないか,論理性はどうかなども含めて意見交換して考える力をつけてほしい」と思い,活動をしたとします。しかし,学生は,「良いと思います」「特にありません」と伝えたり,少し形式の不備を指摘したりすれば,他者との意見交換が終わったと思っている場合もあります。むしろ,学生のお困り度指数が低い＝学生自身が簡単な活動だと考えているからこそ,「考えて臨む必要がある活動＝簡単ではない」ことを学生に実感してもらい,学んでもらうことが難しくもあります。

　Word についても同様です。タイピングして文字が打てればそれで良いわけではありません。いざ学生から出されたレポートを見ると,書式がバラバラ……なんていうことも。デジタルネイティブと呼ばれる世代の学生だからこそ,主に使っているのはスマートフォンやタブレットという場合も多いです。Word の機能についてほとんど知らない場合もあります。「字数を減らす」に関しては,そもそもの設定字数（2,500 字程度）に届かない学生も多くいた可能性がありますが,「字数を増やす」のお困り度も 50% 程度で,全体項目から見ると高い方ではありません。字数については,「字数を増やすために・減らすために」苦労して調整しなければならなかったわけではないのかもしれません。

　このように,アンケート結果から想像できることはたくさんあります。先生方が本書をお読みになる際に,ご自身の実践での学生の様子（お困り度）を思い浮かべながら読み進めていただけるように,各章の扉に以下のようにお困り度を示しました。

　扉頁では,「とても難しかった」「やや難しかった」の合計割合を,「学生のお困り度」として★で示してあります。★が多ければ多いほどお困り度が高い項目であるとお考えください。

　学生お困り度指数
　70% 以上…★★★★★　60% 台 …★★★★☆
　50% 台 …★★★☆☆　40% 台 …★★☆☆☆

　これまで，学生のお困り度を紹介してきました。それは，学生のお困り度を把握することで，困難の大きさに応じて時間や指導の細かさを調整するなど，教員の役に立つと考えたためです。

　さて，次は我々教員側の番です。以下，先生方が現場で遭遇した「困った！」場面をチェックしてみてください。この本は，順番に読まなくても大丈夫です。チェックが多い項目の章からペラペラっとお読みいただくための手がかりにしていただければ嬉しいです。え？　当てはまる項目ばかり？　そんなときは，パッと開いた頁が「1番に読む運命」だったのかもしれません。

「困った！」場面，遭遇チェック

1 テーマ探索 ☞ **1 頁へ**
- □「先生，興味あることがありません」と言われる
- □思い込みテーマで突き進もうとする
- □テーマが広すぎる・狭すぎる＋ありきたり

2 資料探し ☞ **11 頁へ**
- □「先生，資料探したけどありませんでした」と言われる
- □探し方を教えたはずなのに信憑性がない資料ばかり
- □とりあえず，適当な資料を持ってきて終わり

3 アウトライン ☞ **19 頁へ**
- □なんとなく情報を並べただけ……主張はどこ？
- □主張からの流れに一貫性がない…
- □結論部分にぼんやり提案または突然のアイデア
- □考えることを支援するためのポイント指導やフィードバックが難しい

4 執筆 ☞ **41 頁へ**
- □指示通りの構成になっていない
- □読みにくい。形式がバラバラ。文章の主語と述語が合っていない
- □これって引用？自分の意見？引用と意見が区別できていない

5 クラス活動 ☞ **53 頁へ**
- □コメント活動を始めても「シーン」としてしまう
- □「いいと思います」「特にありません」で終わり
- □留学生との意見交換がうまくいかない
- □「学生同士でコメント・評価をしても意味がない」と言われる

6 評価・フィードバック ☞ **69 頁へ**
- □「じゃ，どう直せばいいんですか」と言われる
- □実態としては差があるのに，評価に差がつかない
- □評価をもとに学生が自分で直せない

7 チーム・ティーチング ☞ **81 頁へ**
- □他の先生はどうしているのか気になる……
- □「先生，隣のクラスと進め方／評価が違う」と言われる

さて，それぞれのお困り場面へ進みましょう！

目　　次

はじめに　　*i*

この本ができるまで　　*ii*

学生にとって何が難しい？ 学生お困り度と教員の実感　　*x*

第 1 章　「テーマ探索」の困った！────────────────────1
良いテーマは，行ったり来たりして探す

お悩み① 「先生，興味あることがありません」と言われる　　*2*

お悩み② 思い込みテーマで突き進もうとする　　*3*

お悩み③ テーマが広すぎる・狭すぎる＋ありきたり　　*5*

調査・研究紹介コラム ①　　*10*

第 2 章　「資料探し」の困った！────────────────11
良いレポートは，良い素材（資料）から

お悩み① 「先生，探したけどありませんでした」と言われる　　*12*

お悩み② 探し方を教えたはずなのに信憑性がない資料ばかり　　*14*

お悩み③ とりあえず，適当な資料を持ってきて終わり　　*15*

調査・研究紹介コラム ②　　*18*

第 3 章　「アウトライン」の困った！────────────19
コツは，意見と流れがわかるように具体的に書くこと

お悩み① なんとなく情報を並べただけ……主張はどこ？　　*20*

お悩み② 主張からの流れに一貫性がない　　*24*

お悩み③ 結論部分にぼんやり提案または突然のアイデア　　*27*

お悩み④ 考えることを支援するためのポイント指導やフィードバックが難しい　　*29*

第4章　「執筆」の困った！ ——————————— 41
なぜ書けないのか，それは，読みやすさを意識できていないから

お悩み① 指示通りの構成になっていない　*42*

お悩み② 読みにくい。形式がバラバラ。文章の主語と述語が合っていない　*45*

お悩み③ これって引用？ 自分の意見？ 引用と意見が区別できていない　*49*

第5章　「クラス活動」の困った！ ——————————— 53
活動指示は具体的に，雰囲気は自由に

お悩み① コメント活動を始めても「シーン」としてしまう　*54*

お悩み②「いいと思います」「特にありません」で終わり　*57*

お悩み③ 留学生との意見交換がうまくいかない　*60*

お悩み④「学生同士でコメント・評価をしても意味がない」と言われる　*63*

調査・研究紹介コラム ③　*67*

第6章　「評価」の困った！ ——————————— 69
「よくある間違い」を捕まえて，擦り合わせる

お悩み①「じゃ，どう直せばいいんですか」と言われる　*70*

お悩み② 実態としては差があるのに，評価に差がつかない　*72*

お悩み③ 評価をもとに学生が自分で直せない　*75*

第7章　困った！をみんなで力に変える ——————————— 81
シェアして，取り入れて，楽しんで

お悩み① 他の先生はどうしているのか気になる……　*82*

お悩み②「先生，隣のクラスと進め方／評価が違う」と言われる　*84*

付　録 ——————————— 91

評価のためのFD事例：「Rubric 実験室！」紹介　*92*

教員控え室　*100*

おわりに　　*117*

引用・参考文献　　*118*
レポート指導のトリセツ　ルーブリック　　*119*

【ダウンロード資料について】
評価表（ルーブリック）と授業関連資料をダウンロード版資料として，

http://www.nakanishiya.co.jp/book/b623357.html

に掲載しています。

第**1**章

「テーマ探索」の困った！
良いテーマは，行ったり来たりして探す

良いテーマは，いきなり空から降ってくるわけではありません。
良いテーマを決めるためには，
まずは自分の心が動かされる経験を掘り起こすことが大切です。
これまでの体験で夢中になったこと，驚き，憤りを感じたこと……。
実際に自分が誰かとどこかで体験したことでも，
書籍や報道から感じたことでも良いでしょう。
そのようなトピックで調べてみると，誰がどのようなことを調べているか，
少し調べて新たな「なぜ」を考える。
対策のポイントは，
「行ったり来たりして探すものであること」をわかってもらうことです。

「テーマの絞り込み」について
学生のお困り度指数　★★★★★（74%）
興味があることを調べて書けば良いと思っていた学生にとって，課題を探り，自分なりの
主張ができるテーマを探すことはとても難しかったようです。テーマの中に論じる価値を
探す，この経験をしっかりしてもらうことが大切です。

お悩み①「先生，興味あることがありません」と言われる

■考えられる原因

> レポートや論文のテーマになることが「夢中になれること」だけだと思っている

具体事例

　「自由に決めていいよ」「興味のあることで良いよ」と指示したときに，「興味のあることがありません」などと言われてしまうケースです。この場合，ポジティブな気持ちやレポートに対する能動的な態度に注目しすぎている場合があります。

■ステップアップのためのアイデア

ネガティブな経験や驚いた経験などをピックアップしてもらう

　ネガティブな感情もテーマ対象になる可能性があるという気づきに欠けている学生も多くいます。**怒りや不快な気持ちについては，それが解決されない原因が社会構造に埋め込まれている可能性があり，それはテーマになり得るものです。自分だけが感じているわけではなく，世の中の多くの人が感じているかもしれません。**それはなぜ解決されないのか。苦手に感じているものでも，それらを克服できなかったのはなぜか，解決策は一つなのか。そこを出発点として，自分の経験から疑問を育てることができるかもしれません。

アイデアを認め，色々と話し，考える気持ちを持てるようにする

　「興味がない」「好きなことがない」という場合，**自分のアイデアや考えをよく聞いてもらう経験や認めてもらう経験が少ない学生もいます。**すぐにはレポートテーマにならないようなテーマでも「自分の経験から考えているのがいいですね」など，まずは認め，そのうえで理由を聞いたり，少し深掘りしたりすると良いかもしれません。例えば，ある学生はパンクファッションが好きでしたが，自分の趣味はテーマにならないと思い込んでいました。しかし，質問を重ねるうちに「変わった人として見られて嫌な思いをした」という経験からファッションと評価，心理について深く掘り下げることになりました。また，学生だからこそ知っている話題を持ってくることもあります。その場合はこちらが知らないことを伝え，**こちらも興味を持ちながら聞いてみるのも良いでしょう。**

お悩み② 思い込みテーマで突き進もうとする

■考えられる原因

> 反対の意見や当てはまらない事例に考えが及んでいない

具体事例

　「先生，○○人は△△じゃないですか。そういうのって変えた方がいいと思うんです」「女性／男性は，○○が苦手ですよね。なぜ苦手か調べたいと思って」のように，学生自身の思い込みに基づいてテーマを決めようとするパターンです。また，何か熱烈に好きなものをテーマに選ぶ場合，「なぜ○○は楽しいのか」といったものを挙げてくる学生もいます。その場合も，その○○の現状を掴んでいない，抱える課題に考えが及んでいない場合があります。

■ステップアップのためのアイデア

> まず調べてみて，その資料から言えることを考える，
> 客観的に示す資料がありそうか探る

　例えば，「○○はなぜ楽しいのか」というテーマを持ってきた場合，まず「楽しい」「人気がある」「～という気質を持っている」「～が多い・少ない」ということ自体が**本人の感覚である場合があります**。そのなかでも，**資料を調べられそうなことと，そうでないことがあります**。例えば，とあるテーマパークが大好きな学生がそのテーマパークの楽しさの要因について書きたいと言った場合，「楽しい」というのは本人の主観であることに気がついてもらう必要があります。一方で，「人気がある」については，来場者数などの数量データで調べられるかもしれません。「～さんが言っている"楽しい"はみんなが感じるかな？　人気ということであれば，それに関する資料にはどんな資料があるかな？　数字で調べられるような資料があるとしたらどんなものがあると思う？」と聞いてみるのも良いでしょう。過去から現在にかけて来場者数を経年で見ると「増加・減少・維持」なども見えてくるかもしれません。「来場者数とか……」という答えが返ってきたら，「数年の推移や季節ごとの数字，時間帯などでも調べるのも良いかもしれないね」など，**アドバイスをすると「一つ調べて終わり」ではなくもう少し調べよう，という意欲や行動につながります**。来場者が増加・減少するタイミングを調べてみると，コラボイベントがあるときや新しいアトラクションができたとき，といったこともわかるかもしれませんし，イベントやアトラクションの種類によって増加・減少の度合いも違

うかもしれません。そのテーマパークが大好きな学生だからこそ，気がつく観点もあるかもしれません。まずは教員は**客観的な資料への橋渡し**をしてみます。

現在の状態が完璧か（発展・改善の余地はないか），反対意見はないかを挙げてもらう

　多くの物事は反対意見や課題を抱えています。どんなに良く見えるものであっても，**発展・改善の余地があります**。これまで学生が書き上げるのに苦労した例は，先ほど挙げた「～の良い点」を探ろうとするテーマです。有名テーマパークなどは既に企業の秘訣として書籍にまとめられていたり，学生がアクセスできる情報には限りがあったりして，結局一つの書籍を要約するような内容になってしまいます。またそのようなテーマの場合は，毎年更新される資料は得にくく，新たに考察できることが少ない傾向にあります。よって，**課題などを客観的な数字（数量データ）から検討できそうか，という観点で探っていくのも一案です**。例えば，テーマパークでは混雑の緩和などは一つの課題かと思いますが，そうした問題や改善策，改善されない要因についての資料が（他のテーマパークや事例にも広げて）複数集められそうかなどを探ります。

　「テーマは考えて思いつくもの」と思っている学生はたくさんいます。授業では「**テーマは，単に考えているだけでは良くならない。資料を調べる，考える，というプロセスを行ったり来たりして決めていくもの**」ということを強調して伝えましょう。他の立場から見てどうかということを考えてもらうのも手です。若者に人気があるといった場合，他の年代の人から見てどうかを考えてもらいます。異なる立場（ジェンダー，年代，国籍，役割など）から考えることで新たな課題や魅力が見つかることもあります。

　学生たちは短い時間でテーマを決めようとする傾向にありますが，**行ったり来たりすることで考える力が育つことを伝え，行ったり来たりする行動にポジティブな印象を持ってもらうことや，その行為自体を楽しんでもらうきっかけを作ることも大切です**。

　好きなものをテーマにする学生に対しては，「さらに調べたい」「テーマにしたい」という気持ちは尊重しつつ，好きなものをテーマにすることの難しさを伝えることも大切です。検討して，調べてみて，それでも難しくてテーマ変更をする学生もいます。そのような学生の場合，レポートを書く前，テーマを決める前は，「調べて書いて終わり」

だと思っていた場合があります。そうした学生が，調べて終わりではなく，「**調べたうえで考えて何らかの主張をする必要がある**」と気がつくことは成長です。また，資料には集めやすい資料とそうでない資料があることにこうした活動を通して気がつきます。このようなことを理由にテーマを変更する場合も，「難しさ」に気がついてテーマを変更すること自体が学びであり成長であることを伝えます。

お悩み③ テーマが広すぎる・狭すぎる＋ありきたり

■考えられる原因

- ・（広すぎる）自身のイメージしているテーマについて具体的な課題が思い浮かばない
- ・（狭すぎる）自身の関心事にのみ焦点が当たっていて，周辺事例に考えが及ばない
- ・（ありきたり）「これなら書けそう」というストラテジーや話題性のみで選んでいる，メディアでよく聞くことをとりあえず持ってきている

具体事例（広すぎる・漠然としている）

　「少子高齢化について」というテーマなどが挙げられます。「少子高齢化の……何？」「どの立場から意見を言うの？」「少子高齢化のどの問題について？」など，サッと疑問が浮かびますね。「テーマにしたい」という思いはあっても，なぜそのテーマを選んだのか，どのような課題が含まれているのかまで思い至っていないことがあります。時間があれば，少子高齢化というキーワードから思い浮かべたことを自由に出し，一覧にして共有するのも良いですね。トピックの広さについて視覚的に気付けますし，「課題」を探る機会にもできるでしょう。

　また，ここには「霊はいるか」というようなテーマも含まれます。「それを調べてどうするの？」「どうやって調べるの？」と言いたくなるような漠然としているケースです。霊感商法の被害者についてのデータやそうした問題が解決しない要因など，もう少し論点を明確にする必要があるかもしれません。「それを調べてどうするの？」というケースには，「〜語の数量詞の種類」というようなものもあります。「どのようなものがあるかただ知りたいから」で止まっているケースです。

具体事例（狭すぎる）

　「なぜA市は冠水が多いのか」などが挙げられます。そもそもA市にどれぐらいの頻度で冠水が発生しているのか，近隣の市と比較して本当に「多い」と言えるのかも調べる必要がありそうです。また，地方や特定の地域について取り上げるにしても，同様の規模の市でも同じことが言えるか・言えないか，共通点などを考えてもう少し広げてみる必要があります。その場合は，A市の冠水がテーマを考えるきっかけだったとしても，A市と同じ規模の都市に関する水害の問題点やなかなかその問題が解決しない要因などを整理する方が良いかもしれません。

具体事例（ありきたり）

　死刑制度や原子力発電所の是非といった，ディベートなどでもよく取り上げられるテーマが挙げられます。これらを選んではいけないというわけではないのですが，賛成意見や反対意見を調べれば複数の論点がすぐに出てきたりして，レポートを読んでも読まなくても想像がついてしまう内容になってしまうことが多いです。それでは学生自身にも考える力があまり身につきません。このようなテーマをトピックとして選ぶのであれば，そこからもう少しテーマを絞り，読み手が「へぇ，聞いたことなかった！」「今はそのような状況なんだ！」と感じられるようなものにしていく必要があるでしょう。

■ステップアップのためのアイデア

　　「なぜなぜ」問答，「実際はどうかな？」問答

　シンプルに「なぜ」そのテーマにしたいと思ったのか。**そのテーマに興味を持ったきっかけを学生に聞いていきます。そして，そのときに思い浮かんだ自分の感情や意見は「ポジティブなもの」なのか「ネガティブなもの」なのかも探っていきます。**例えば，少子高齢化についてテーマにしたい場合，よくよく聞いてみると，「自分が一人っ子で，両親の今後についてどうなるか気になり，もしパートナーも同じ状況だと更に大変だと思ったから」と言ったとします。そのあたりまで明確になると，追加で調べる資料の質が変わるかもしれません。少子高齢化という漠然としたよくある社会課題テーマから少し進んで，高齢の親について，兄弟構成の違いによってケアの手段に差があるのかなど，そのような資料を調べると，**自分の興味関心からスタートして一歩踏み込んだ議論になりますし，まさに社会課題が自分ごとになります。**

　「霊はいるのか」というようなテーマの場合は，具体的にテーマを掘り下げようとしても，本人が純粋に霊の存在についてのみ興味があるような場合は，数値で調べられる資料や初年次という限られた時間で入手できるような資料では興味が満たされない場合があります。そのようなときには，社会課題などで興味があるテーマを新たに設定し直してもらうこともあります。

　「〜語の数量詞について」というようなテーマも，**「調べて終わり」にならないように，「それを調べて何を主張したいのか」まで考えてテーマ設定するように促します。**確かに比較言語学など，言語体系を調査する研究もありますので，テーマとして全くダメだというわけではないのですが，今回の2,500字のレポートの構成に当てはめるのは難しいでしょう。そして，たとえこのようなテーマだったとしても，その研究が何に寄与するのかということは論文に書く必要があります。そして寄与できるほどに調べ上げるには時間も文字数も足りません。そうしたことまで含めて説明し，テーマ変更を促すこともあります。

　狭すぎるテーマや漠然としたテーマについては，「実際はどうかな？ 数字とかありそう？」と，思い込みテーマと同様に「まず調べてみて，その資料から言えることを考える，客観的に示す資料がありそうか探る」ことを提案してみます。

ダミーテーマを素材に「みんなで」考えるプレタスクを行う

　この手法は，テーマについてだけでなく，他のスキル指導でも使っています。先ほど説明したような「なぜなぜ」問答は，学生一人一人に行う時間がないかもしれません。その場合は，クラス活動でテーマの適切さや掘り下げ方について話し合います。そこで学生自身が気づくこともあります。また，学生も「自分で気がついた」という自信が持てます。
　まずは，「霊はいるか」「〜語の数量詞について」「なぜ〜は人気なのか」というような，再考を促してほしいタイプのテーマについてフロアやグループに投げかけ，「そもそもどうやって調べるのか」「調べてどうするのか」といった，教員が指導ポイントとして伝えたいことが学生側から出るようにします。
　活動時間が取れない場合は，クラス全体で行っても良いですが，活動時間が取れる場合は小グループで検討してもらいます。一人ひとりの発言の機会が増え，発言機会が回ってくる可能性が高く集中するため，主体的に考える環境としてはグループの方が適しています。
　テーマ検討素材としては，実際に学生が持ってきたものは避けます。**心的配慮ももちろんですが，「あ，このテーマはこの例と似ているから変えた方がいいかな。工夫した方がいいかな」と，自分で気がついてもらうためでもあります。**例えば，「霊はいるか」というテーマについて再考してほしい場合は，「宇宙人はいるか」というような似たような事例を話し合い素材とし，「このテーマの難しさや今回のレポートに適していない点はどこだと思うか」という，質問を投げかけます。広すぎるテーマの論点をもう少し絞っていく場合は，「少子高齢化についてでは広すぎますね。このテーマに関する問題や話題はたくさんあります。思いつくものをあげてみてください」「（〜の人気について，

ダミーテーマ例

テーマタイプ	タイトル例
どうやって調べるの？	霊はいるか，宇宙人はいるか，宇宙の最果てはどうなっているか，死んだら意識はどうなるか
調べてどうするの？	日本語の助詞，世界の宗教，将棋とチェスのルールの違い
広すぎる	少子高齢化，外国人／男女差別，貧困問題，環境問題
狭すぎる	アイドルグループ A の脱退問題，地域 B はなぜ冠水が多いか
思い込み・主観	バンド A はなぜ人気か，血液型神話はなぜ当たるのか

などの場合）このテーマに関する課題や反対意見はないでしょうか」など，**話し合わせたいテーマの質によって，少しずつ質問を変えてみます**。グループ活動をしている際に，どのような意見が話し合われているのか様子を見て，クラス全体で共有します。その際に，教員が伝えたいポイントを強調します。

　このみんなで考えるプレタスクは，各自がテーマを決める前に行っても良いと思いますし，宿題として仮のテーマを2つぐらい考えてきてもらい，その宿題をオープンにする前に行っても良いかもしれません。活動のポイントは，単に話し合わせてクラスで共有して終わりとしないことです。先ほども述べましたが，**この活動を通して，自分が考えていたテーマの欠点に気がついて，テーマを変更したり，工夫して深めたりできることが学びや成長であることを伝えます**。授業は安心してつまずくための場所であること，一度でできる必要はないことを授業の要所要所で伝えます。また，テーマ自体が研究として適切か不適切かは卒論時にゼミの先生と相談できることも伝え，今回のタイプのレポートには適していないだけで，卒論などでは工夫すればテーマになる可能性があることも補足しておくと良いかもしれません。

　タイトル決定後にアウトライン作成を行いますが，その際はアウトラインが書けるタイトルかどうかを確認する前に「タイトル決定前の質問集」を活用することもあります。学生に記入させ，その記入事項をクラスで話し合うこともあります。次頁で紹介します。

＊最重要！議論する際は，当事者が目の前にいるつもりで。

　いかなるテーマでも，当事者が目の前にいることを前提に，発言したり議論したりするようにしています。本実践でも，「私自身が性的マイノリティです」「施設で育ちました」「ヤングケアラーです」など，自身が抱える悩みからテーマに取り組む学生がいます。社会課題として議論する際，つい遠い距離から語ってしまいがちですが，そのようなときは，自分ごととしての捉え方が足りず，当事者の人を傷つけてしまうような言葉を発してしまうこともあります。

　学生同士で議論する活動の際も，活動に入る前に，「テーマに対してさまざまな意見を持つことは自由です。しかし，関係する人を傷つけないような言葉で議論してください。目の前に当事者の人がいると思って話しましょう」と伝えてから議論を始めます。

　自身の悩みをテーマにしたい学生は，学生同士で読み合いをするときには，他の学生には知られたくない場合もあります。読み合いがある場合は，「次の週は，クラスメート同士で読み合いをします。個人的な事情が書いてある部分で読まれたくないところがある人は，そこはダミーの文章を入れても構いません」と必ず予め伝えています。読み合いのときだけ，ダミーの文章にして，教員に提出するときに自身の記述に変えてくる学生もいます。それは教員を信頼し，議論したい，自身の主張をわかってほしいという強い思いで書いています。守秘義務も必ず守らなければなりません。

タイトル決定前の質問集

学籍番号（　　　　　　）名前（　　　　　　　　　　　）

<u>答えられない部分がある←その点についてもう少し考えたり資料を調べたりすること</u><u>が必要です</u>

1. **テーマはなんですか（大きいテーマ）**

   （例）日本の養子縁組制度について

2. **そのテーマで<u>特に取り上げて議論したい</u>（<u>要因を探りたい</u>）ことは何ですか（本論）**

   （例）なぜ日本では里親家庭で育てられる子供が他国と比べて少ないのか

3. **議論したいことについて<u>特にあなたが言いたいこと</u>は何ですか（本論）**

   （例）家庭で育てられる子どもを増やす<u>べき</u>

4. **3 を言うために<u>調べたこと</u>は何ですか（3 つ以上の資料を調べる）**

   （この資料と 3 の「言いたいこと」は関連していますか）

   （例）背景：家庭養護が少ない現状

   　　　調査：家庭養護が進まない原因①　血縁の強さ

   　　　　　　家庭養護が進まない原因②　行政制度の不完全さ

5. **4 を調べて<u>どうしたいですか</u>**

   （例）このレポートを読んだ人に血縁よりも人と人との関係性が大切だとわかっても
   らいたい。行政の問題を一人でも多くの人が知って，少しでも子ども達にかけ
   る時間や予算が増えるといいと思う。

調査・研究紹介コラム①

クラスメート同士のアドバイス，鍵は活動への信頼感と点数以外への注目？

　Cho ら（2006）は，3 年間で 16 コース 708 名を対象にライティングのピアレビューについて検証しました。その結果，一つのレポートに対する少なくとも学習者 4 名の総合評価は，教員の評価と同様に高い信頼性と妥当性を持つことを明らかにしています。

　しかし，教員自身が学習者による相互評価・アドバイス活動を有用であると判断し取り入れたとしても，**学習者は教員とは異なる視点から評価活動を見ている**ことを指摘しています。高いレベルの信頼性を確保するためには複数のピアが必要ですが，個人の評価のバラつきが大きいと，信頼性認識が低くなり，相互評価の受容度を低下させることがわかりました。

　つまり，複数の相互評価であれば信頼性は高まるものの，バラツキが大きいと学習者自身が活動に対し価値を感じてくれない可能性があるということです。

　相互評価やアドバイス活動は，「先生の評価の方が正しいのではないか。だからクラスメート同士で見合ったって意味がない」という気持ちへの配慮や対策が必要だということですね。

　さらに，Cho らは，信頼性は多様性とも表裏一体であることに注意を促しており，評価を統一することに注意を向けすぎて，一つのレポートに対する多様な反応について学ぶことを犠牲にすべきではないと述べています。

　私たちは，学習者を「採点ロボット」として扱うために相互評価やアドバイス活動を行っているのではありません。では，何のために行っているのか。その点を言語化して，学習者自身に評価の多様性それ自体を学びに取り入れてもらえるような価値づけも大切ですね。

（声かけ例は，第 5 章お悩み④へ）

第2章

「資料探し」の困った！
良いレポートは，良い素材（資料）から

良いインプットがなければ良いアウトプットは生まれない。
良いレポートや論文を書くためには，
まずは良い資料から情報を得ることが大切です。
しかし，その肝心の資料が探せない……！
図書館講習や資料の探し方も案内したはずなのに……！
対策のポイントは，「**一緒に経路をたどる**」ことかもしれません。

「資料探し」について
学生のお困り度指数　★★★★★（79.8%）

お困り度指数は，全ての項目のなかで最高難易度です。本実践では，学生がテーマを決めます。テーマについて考えていくと「こんなことが言いたい」「こんな資料が欲しい」という気持ちも生まれます。しかし，探してみるとなかなか見つからない……。
つまり，「こんな資料」という具体的な資料イメージを持てたから体験できる難しさです。

お悩み① 「先生，探したけどありませんでした」と言われる

■考えられる原因

> ①キーワードの入れ方がわかっていない
> ②先に言いたいことがあり，それに合った資料だけを探そうとする

具体事例①

　例えば，外国人労働者に関する問題についての文献を探すとき，検索ボックスに「外国人労働者に関する問題」と長めのワードを入力し，ヒットする文献が少なくなるケースです。「外国人労働者　問題」「外国人労働者　課題」と，分かち書きをしたり類義語を入れ替えると，見つかる資料は大幅に増えますが，そのことをわかっていないことがあります。

具体事例②

　第1章で決めたテーマに関する主張（自分の言いたいこと）を意識するあまり「こんなことを言っている資料があれば良いのに！」が先行し，それに合う資料のみを探そうとするケースです。この場合は，現状確認（社会的背景や状況）をしていないまま思い込みで，反対の立場についても考えずに主張をしていることもあります。

■ステップアップのためのアイデア

> 分かち書き指導＆類義語を挙げる活動を取り入れる

　基本的な「分かち書き」ができていない人がいる場合は，文章で入れてみた場合とキーワードで入れてみた場合の検索結果の違いを教室の画面で大きく写しながらデモンストレーションをすると実感してもらえます。図書館のOPACなどでも助詞を入れた状態で探している学生もいるので，図書館のOPACや検索エンジンなど，さまざまな検索シーンでデモンストレーションをすることもおすすめです。類義語を挙げる活動は，ペアで行っても良いでしょう。

　　　　例：国立国会図書館の検索（NDLONLINE）で調べると… （2022年10月20日現在）

外国人労働者の問題 🔍	外国人労働者　問題 🔍
ヒット数 → 22件	ヒット数 → 1,913件

具体的な数字を共有！

検索のためのキーワードを案内する

　「色々なキーワードを入れて探してみて」と言っても，具体的にどのような言葉を入れたら良いのかわからない学生もたくさんいます。「キーワードの種類が少なすぎる」「助詞なども含めて文章で入力するなど入れ方が間違っている」「多様な検索方法（画像等）」を試していないなどが挙げられます。そこで，私たちは以下のようなキーワードの入れ方を案内しています。

〈資料を探すときに便利なキーワードの入れ方〉（宇野・藤浦 2016：87）

| ①自分の欲しい資料のキーワード | ＋ | ②資料の形態 and/or ③状態 |

（例）インターネットで「LINE」について調べるとき
1. 「LINE　高校生　調査」（①　①　②）検索・画像検索
2. 「LINE　グラフ　急増」（①　②　③）検索・画像検索
3. 「LINE　調査　問題」（①　②　③）検索・画像検索

①欲しい資料のキーワード	②欲しい資料の形態を表すもの	③それが今どのような状態か表すもの
商品名 サービス名 国・地域 年代 性別 …など	調査 アンケート グラフ 推移 件数 割合 ランキング 輸入 輸出 満足度 ○○量（使用量，出荷量，生産量等） ○○差（年齢差，男女差，地域差） ○○別（男女別，世代別，地域別，国別）	○○率（出生率，離婚率，未婚率，所持率，投票率，比率） 流行 はやり ヒット 行列 増加 減少 削減 急増 倍増 プラス マイナス 失敗 赤字 黒字 不振 好調 下降 下火 充実 問題

どんなキーワードで探したか聞き，検索経路をたどる。

　少人数であれば，「どこに，どんなキーワードを入れて探しましたか？」と聞いてみます。人数が多い場合は，ペアでこの作業をさせてお互いに類義語を提案するなどアドバイスをしてもらったり，資料探しの課題に検索キーワードを書き，資料とセットで提出させたりするのも良いでしょう。一緒に検索経路をたどり，代案を共に考えてみることで，つまずきポイントが可視化され，またその次にとるべきステップも見えてきます。また，こうした学生のつまずきポイントや解決方法が教員・学生のなかに蓄積され，少しずつ対応が上手になります。なお Google などの検索エンジンは長くあいまいな言葉の検索にも対応してきていることもありますので，色々試行錯誤してみましょう。

お悩み② 探し方を教えたはずなのに信憑性がない資料ばかり

■考えられる原因

①全体説明の量が多すぎて，検索時に思い出せない
②ちょっとしたことで探せる資料の質が変わるのに，実感が湧かない

具体事例

　図書館講習で「OPAC」「白書」「Google Scholar」「CiNii」「新聞検索」も教えたのに，結局持ってきたのは一般的な検索エンジンのトップヒットのみというケースです。授業で説明した情報検索に関する情報量が多すぎて，結局どれを使えば良いか絞れず，スマートフォンでも日常的に使っている検索エンジンで「いつものように」検索するパターンです。いつもの検索エンジンでもちょっとした工夫でヒットする資料が変わるのですが，それが実感できていないためにいつもの方法でしか検索しません。

■ステップアップのためのアイデア

一緒に手を動かす！（スマートフォンでも！）

　最も学生が集めてくる資料が変わった実感を得たのが「一緒に手を動かして検索エンジンの検索方法を変えたとき」でした。「**スマートフォンでも良いので，みなさん，一緒にやってみましょう**」と，「高校生　スマホ」というキーワードをよく使っている検索エンジンに入れてもらいました。学生がよく使う大手検索エンジンで検索すると，一番上にくるのはモバイル会社の記事です。しかし，「高校生　スマホ　go.jp」と，「**go.jp**」を入れるだけで，総務省や内閣府の資料に変わります。そこで，「高校生　スマホ　go.jp」のままで，「ツール」から「期間（1年間）」を設定すると，「2021年度 青少年のインターネット・リテラシーに関する実態調査」の記事が一番上にきました（2022年10月現在）。学生にとっては，「いつもの検索の仕方に，アルファベット4つ（go.jp）足しただけ」で変化があるという点が**衝撃的かつ取り入れやすかった**ようで，その授業回の後からは政府系の資料を集めてくることが多くなりました。もちろん，学生の狙い通りの記事とは限りません。その際は，キーワードを検討し直したりする必要はあります。ただ，「高校生　スマホ」というキーワードのみでも，このような調査資料のタイトルを見るだけで，「インターネット・リテラシー」「利用実態」ということばや観点に出会えます。「**さまざまな検索方法を試してみることは，検索キーワードや観点を増やすことにもつながるよ**」と伝えています。

お悩み③ とりあえず，適当な資料を持ってきて終わり

■考えられる原因

> 指示のままに「キーワード」を入れるだけで，何を示す資料か，どこに使う資料かを意識していない

具体事例

　政府系資料をなんとか探してきた学習者 A さん，こちらが「その資料，どんな資料？」「どんなことがわかるかな？」「今回のレポートのどこに使えるかな？」と聞いても，「え？ 探してきただけなんでわかりません」との回答……。集めるときに，どのような資料か，どこにどのようにまとめられそうかを意識している学生はあまり多くありません。そのようなことを意識してもらう仕掛けを作ると，資料の読みも深まります。

■ステップアップのためのアイデア

> 資料集めを「背景・現状」と「原因・要因」など，段階に分けて行い，深掘りしていく

　教員も学生も，双方どこで使う資料かを意識せずに資料集めを指示する・行うことはよくあります。確かに，「まずはたくさん検索して色々集める」という段階も必要です。一方で，レポートの構成を組み立てるには，どこにどのような情報が必要か戦略が必要です。また，「どのような資料か，どのようにまとめられそうかを考えながら集める」ことで読みも深まりますし，「違うタイプの資料を集めよう」と次の戦略にもつながります。そこで，私たちは 16–17 頁のようなプリントで，**資料集めを前半戦・後半戦に分けました。**

　特に，前半では**「数字を押さえる」**ことを意識しています。そしてその資料について考えてもらった後，**後半では「要因・原因について検討する」**ための資料を集めます。この活動を行えば必ず完璧な資料が集まるわけではありませんが，資料の内容（背景・現状に関することか，要因や原因に関することかなど）を意識しながら読んだり集めたりすることにつながります。また，資料のタイプによって集める難易度の違いも実感できます。この活動では，レポートや論文は「書くことそのもの」に難しさがあるというよりも，**資料を集めたり読み込んで考えたりすることなど，プロセスに難しさがある**ことを意識してもらうのも狙いです。これまで漠然と「レポートを書くことは難しい」と思っていた学生が，そうしたプロセスを意識化することで，何が苦手かを自覚でき，その段階に合わせた対策を自分なりに考えることが可能になります。

資料探索のための宝探しプリント（前半戦）

学籍番号（　　　　　）名前（　　　　　　　　　　　）

1. 興味があること

2. 自分との関わり

3. 調べた背景資料の種類（以下のような資料を最低3つ調べてみよう）

1	全体の人数／件数など（現在）	
2	人数／件数の推移（過去→現在→予測される未来など）	
3	興味（テーマ候補）に関わるお金のこと	
4	興味（テーマ候補）に関わる法律・制度・ルールのこと	
5	興味（テーマ候補）に関わるアンケート（世代傾向・意識・そのような意識を持つポイント・〜の理由など（アンケート））	
6	興味（テーマ候補）に関わる多くの人が困っていることはあるか（個別ケースではなく一般的な傾向）	
7		

4. 「このような資料がほしかったけれど探せなかった」という人は書いてください
   ・欲しかった資料

   ・探すために使ったことば

5. 調べた結果，「こんなテーマがいいかな」と思った暫定テーマ

資料探索のための宝探しプリント（後半戦）

1.　一回目の資料集めから更に調べたいと思ったこと

【深く調べることにした点】該当するもの１つに✓

1	支持・反対・懸念されている要因（例：特定の年代に，どのような点が）	
2	改善・発展・促進のために取られている対策の種類	
3	問題が起きている原因・要因	
4	行動要因（なぜそのようなことをするのか）	
5	変化が生じる要因	
6	今後生じそうな問題点／良い点	
7	その他（1~6 以外のものである場合は↓に書く）	

＊深く調べるポイントを１つ決め，資料を複数集めます。そのあとにグループ分けします。

家庭での養子縁組が進まない理由に関連する資料

要因 1　　　　　　　　　要因 2

2.　深く調べた資料（例：オタクのイメージが変化する要因を 2 点挙げる）

どんな要因を調べたか

要因 1	
要因 2	

調査・研究紹介コラム②
受講時期と学びの活用率は関係がある？（1/2）

　筆者らが所属する大学では，全学へのレポート・ライティングの授業は初年次に行うことになっていますが，対象となる全ての学科で1学期に開講することは難しく，カリキュラム上1学期・2学期・3学期・4学期と開講時期が分かれました。それぞれの学期終了時に同じアンケートを実施していますが，今回は履修時期と学びの活用についての結果をご紹介します。履修時期については，1学期に履修した学生と比較すると，1学期以外の学生は「もっと早いほうがよかった」と回答する割合が多くなっています（現在では，これらの声を受けて早い段階での学期に組むようにしています）。ただ，2学期と3学期を比べると遅くなればなるほど……というわけでもなさそうです。自由記述を見ると2学期と4学期は大型の休み前で，半期区切りで言うところの学期末でもあり他の授業の課題も重い傾向にあることが窺えました。レポートの書き方を学ぶこと自体「考える体力」が必要な課題なので，他の授業課題の重さなども考慮してカリキュラムを設計して欲しいという声です。一方で，なかには「2学期が一番余裕がありました」という声もあり，学科によって忙しい学期も異なるようです。全ての学科の予定についてコーディネーターが把握することは難しいため，全学的なコミュニケーションが必要となる部分でしょう。

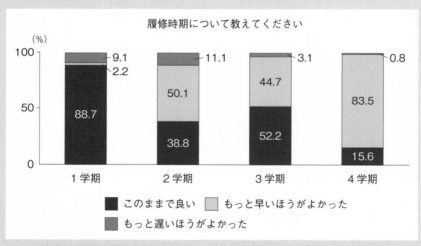

履修時期について教えてください

（参考）武蔵野大学「日本語リテラシー」2018年度 授業アンケート（匿名・任意）より。
回答者数（1学期461名，2学期433名，3学期295名，4学期480名）

第**3**章

「アウトライン」の困った！
コツは，意見と流れがわかるように具体的に書くこと

アウトラインは，レポートの設計図。
課題として配布しているアウトラインシートを本章末（☞ 37–39 頁）に掲載しますのでまずそちらをご覧ください。
本章ではこのアウトラインシートを仕上げるまでのつまずき点や指導の工夫をご紹介します。
初年次のレポート執筆授業を担当している先生方は口を揃えて「アウトラインが大切！」と言います。
書く前にどれぐらいレポートをイメージできるか，つまずきを訂正できるかによって，「ハイ，1 からやり直し！」を防げます。
対策のポイントは，**「アウトラインは執筆よりも重要であることを学生にわかってもらうこと」**です。

「アウトライン」について
学生のお困り度　★★★★★（74%）
学生のお困り度は，かなり高めです。それもそのはず。アウトラインは，レポート執筆に必要な材料が全て揃っていなければ書けません。さらに主張を伝えるために，それらを流れがつながるように組み立てなければなりません。つまり，「アウトラインを考える作業」はレポート執筆の山場です。指導する先生側からは「ここがしっかりできると後が楽！指導効果も高い」との声も。私たちの授業で最も力を入れている項目です！

お悩み① なんとなく情報を並べただけ……主張はどこ？

■考えられる原因

> ・なんとなく書きたいことを当てはめただけで調べていない，執筆するときに頑張れば良いと思っている
> ・調べたことを写せばいいと思っている

具体事例①

　何をどう書くかは後から調べるつもりで，とりあえずなんとなく書きたいことをアウトラインの型に当てはめていく人もいますが，資料を調べたうえで課題と感じたことを導き出さなくてはその先の構成がうまくいきません。

具体事例②

　レポートそのものを「調べたことを並べれば良い」と思っているパターンです。これまで資料を使用して自分の主張を組み立てるという経験をしたことがないので，自分の主張がごっそり抜けてしまい，とにかく資料で調べたことを並べるだけでつながりや目的を意識できていません。

■ステップアップのためのアイデア

> アウトラインとは何かを「しっかり」理解してもらう

　アウトラインについての共通認識を持っておくことが大切です。私たちの授業が想定する「アウトライン」とは，単なる概略ではなく，**「書きたいことを，読み手に伝わるように，簡潔にかつ具体的に箇条書きにしたもの」**を指します。このような形式にしているのは，教員やクラスメートが構成をチェックできるようにするためです。学生が自分一人だけで進める力がついたときには，本人だけがわかれば良いかもしれませんが，この授業では教員やクラスメートと共に試行錯誤し，磨き合いながら学びます。よって「読み手」が存在するのです。

　学生のなかには「アウトラインなのにこんなに詳細に書くんですか？」と質問してくる学生もいます。学生のこのような質問には，**「アウトラインは自分だけがわかれば良い」「アウトラインはなんとなく書いておいて，後で執筆する際に詳しく資料を調べれば良い」**という2つの大きな勘違いが感じられます。そのような学生には，家を建てる際

の設計を例に出すこともあります。「設計図は適当に書いておいて，いざ建てるときに真剣に考えれば良い」という発想と準備で良い家は建てられるでしょうか。建てる際に起こりうるトラブルはなんでしょうか。材料が揃っていない，寸法が違っている，作業の手順を計画できない……？また，設計図が他者にわかりにくいものだった場合，発注した人と建てる人との間にトラブルも起こりますね。

　アウトラインは，レポートを書くための材料（背景から導き出された課題と自分の主張，本論でその主張を展開するための資料，背景・本論から導き出された結論と具体的な提案）**が全て揃っていなければ書けません**。「**アウトラインは適当で，執筆を頑張れば良い**」という考えが，大きな失敗のもとなのです。それを学生にわかってもらう必要があります。「**文字にする段階よりもアウトラインの方が大切**」と言いきってしまっても良いでしょう。そして，そのアウトラインをお互いにチェックし合うためにも，アウトラインは「**自分のためだけではなく，読み手のためのものでもある**」ことを明示しましょう。

　アウトラインの作成に入る前に「アウトライン見本」も見せます。アウトライン見本と見本レポート（☞ v–vii 頁）は連動していて，学生は先に見本レポートを読んでいます。出来上がった家を見て，その後にその家の設計図を見るという順番ですね。**見本レポートと見本アウトラインの両方を見ることで，完成像（完成レポート）を意識しながら設計図（アウトライン）を書いてもらえます。**また，2,500 字のレポートに対してアウトラインはどの程度書き込めば良いのかなど，口頭のみで言ってもなかなか伝わりません。**見本を提示することで「これぐらいの具体性と簡潔さで」と伝えられます。**

　もちろん，一回で素晴らしいアウトラインが書けるわけではありません。**経験のなさから構成の立て方に苦労する学生は大勢います。そのつまずきを経験してもらうための授業です。**見本通りにできなくても，そのつまずきは多くの人が経験することであることを伝え，再度見本を頼りに訂正・改善してもらいます。つまり，見本があるからこそ指導ポイントを具体的かつ的確に指導できます。

　良い家を建てるためには，良い設計図！ 良いレポートを書くためには，良いアウトラインです！

アウトラインシートに解釈や意見を書く場を設ける

　構成を考えずにとりあえず持ってきた資料を並べるだけだと，以下のようなつまずき例が多く見られます。
- 背景で盛大にネタバレ（「〜が解決しない要因は A と B だ」など，背景に全て書いてしまう）
- 背景と本論の資料が同じ（情報の出所を１つに頼り，多様な資料を調べていない）

などです。例えば，背景は「議論するうえで重要な情報（現状から導き出される課題や目的）」を書くところであり，単に数字を並べれば良いわけではありません。その数字をどのように判断しているのか，筆者（執筆している学生）の解釈を示さなければいけません。それを書き込むための欄をアウトラインシートに設けます。アウトラインシートの全体は本章末でご紹介しますが，今回は背景の部分を例にご紹介します。

	第三段落	〈背景・問題〉 ・保護が必要な子供の数と原因　【資料】増加傾向 ・家庭で育てられる子どもの数　【資料】全体の約 1 ～ 1.5 割 ・登録と委託のバランス　【資料】登録里親世帯に対し，委託児童数が少ない …	資料番号 1 2 3, 4
	①	【資料からわかったこと・考えたこと】 →現在，受け入れたい人はたくさんいるが，子ども全体の 1 割しか家庭の受け入れが実現していない →施設偏重で環境を選べているとは言えないのではないか	
	②	〈意見・本レポートで行うこと〉 意見：家庭での養育機会を増やした方が良いと思う 本レポートで行うこと：家庭での養育が難しくなってしまっている原因を整理し，その結果をもとに家庭養育機会を増やすための具体的方法を検討する	

　レポートの「課題」と「主張」がアウトラインの読み手である教員・クラスメートにわかるようにするために，①と②の欄を設けます。①の欄では，背景で用いた資料からわかったことや考えたことを明示します。それを受けて，②では，自分の主張（意見）としてどう思うかということと，本レポートで行うこと（目的）を**自分の言葉**で書きます。この部分がアウトラインの読み手にわかってはじめて，その後に続く本論・結論で「目的」が果たされているかどうかが判断できます。①と②の欄が自分の言葉ではっきり書かれていない場合，学生本人がレポートの全体の課題や目的を意識できていない場合があるので，コミュニケーションを取りながら確認します。私たちのアウトラインでは，自分の考えと資料の内容を区別するために，記号【】や→，下線などを使ったり，「意見」「本レポートで行うこと」という欄を設けています。このようにすることで，資料と意見の区別を意識化・可視化させています。

　また，この解釈が妥当なものかを判断するためには，教員も資料の内容がわかっていないと判断できません。学生には**資料名だけでなく数値や傾向を具体的に書くように指示**します。それでも不明瞭な場合があるので，**引用部分だけでも印刷して（あるいはデータで）持参してもらう**ようにすると，学生の理解確認をする際に役立ちます。

　学生は，いくら記入欄があっても，空欄のアウトラインシートを配布されるだけでは

上手に書くことができない場合も多いです。どのように書いて欲しいか，上記のような
アウトライン見本を見せてから，アウトラインを書かせます。

　アウトライン見本を提示しても数字すら書かない学生もいます。この実践では，資料
収集を2段階で丁寧に行っていますが，1段階目で揃えた背景資料，2段階目で調べた要
因資料のことをすっかり忘れ，アウトラインを書く時点で新たに調べた資料に飛びつい
て，その資料だけを頼りにアウトラインを書こうとします（その場合は背景と本論の資
料区別がうまくいかなかったり，背景で盛大にネタバレをしたりすることが多いです）。
このような学生の場合，テーマ決定，資料収集……と，一つ一つ，順を追ってきた授業
内容がこのアウトラインにつながっていることに気がついていません。それぞれの授業
で行ったことが，単独のものとして切り離されてしまっています。**これまで授業で行っ
てきたことは全てつながっていることを何度も示す必要があります。**

　また，「みなさんの頭の中はアウトラインを読んでいる人からは見えません。資料で
使いたい数字やそこから考えたことなど，言いたいことが見えないと，コメントはでき
ません。コメントをしっかりもらいたい場合は，アウトラインに具体的に書いてくださ
い」という声かけをするのも良いですね。

お悩み② 主張からの流れに一貫性がない

■考えられる原因

> 見本レポートの形だけに注目していて，構成と内容の関係が理解できていない

具体事例

　私たちが作成した見本レポートでは，「要因を多角的に検討する」ために，「要因の1つ目」「要因の2つ目」を異なる資料から引用して検討しています。段落はそれぞれ見本と同じだけあり，本論のように見える部分（一点目も二点目）もある……つまり，形は良いけれど中身がうまく構成できていないパターンです。

■ステップアップのためのアイデア

> つまずき点の事例を挙げて，リストにしてチェック

　形のみに注目して中身の一貫性がない例を紹介する前に，見本レポートの構成を再度簡単に紹介します。見本レポートでは，序論で背景となる数字（家庭養護と施設養護の割合）を提示し，課題を特定します（例：家庭養護が少なく，選択肢の中から選べる状態になっているとはいえない）。そして本論では，なぜその課題が解決されないのか要因を2点，異なる資料から挙げます。結論では，それらを乗り越えるためにはどのようなことが必要かを考えて意見と提案を述べます。

　このような見本に対し，形は「本論に一点目と二点目はあるけれど……でも……」というつまずき事例を以下に紹介したいと思います。

　　ケース1：一点目に「メリット」，二点目に「デメリット」
　　　　　例）一点目に家庭養護のメリット，二点目にデメリット
　　ケース2：一点目に「なぜ」，二点目に「これから」
　　　　　例）一点目に家庭養護が進まない原因，二点目に家庭養護を増やす対策
　　ケース3：一点目に「日本の事例」，二点目に「海外の事例」
　　　　　例）一点目に日本の事例，二点目にアメリカの事例
　　ケース4：一点目に「事例1」，二点目に「事例2」
　　　　　例）一点目に家庭養護が認められなかった事例1，二点目に事例2

　気をつけたいのは，メリット・デメリットそのものへの着眼が悪いわけではないということです。あくまで，今回求めている課題の目的，構成，字数を考慮して指摘すべきポイントです。今回のレポートは，背景資料から課題や調査点を設定し，その要因について本論で多角的に検討するという構成です。先にご紹介したように，要因を本論で多角的に検討することを目的とし，見本レポートでは「要因の１つ目」「要因の２つ目」を異なる資料から検討しています。本論が，つまずきのケース１からケース４のようになることで，どのようなことになるかというと，例えば，ケース１では，何かしらの課題を解決するために両面から見るということは有効のように思われますが，この構成と字数ではメリットとデメリットをそれぞれ１つの段落にまとめることとなり，全体として内容が薄くなってしまいます。またケース２では，１つの要因についての例を２つの段落に分割して紹介している場合が多くこれでは「要因を２点考える」というところが達成できませんので，「今回のレポートでは NG とされる例」として学生に明示しています。**学生にも，今回のレポートで育成したい能力とレポート構成・字数について説明し，そのうえで提示した見本に合わせて書くことを求めていることをきちんと説明します。**メリット・デメリットを検討することや事例を検討すること自体が他の授業でのレポートや論文において望ましくないとされているわけではないことを**丁寧に説明する必要があります。**

　レポートの構成や内容自体には答えはなく，あくまで科目担当者が「**この授業ではどのような内容・形式・分量のレポートをゴールとするか（そのレポートでどのような力を育成するか）**」を設定し，そのゴールが達成できる・できないと判断される基準がどこにあるかを明示することが大切だと思います。また，今回ご紹介している「アウトライン段階でのつまずき例」も，多くの学生のアウトプット（アウトライン）の蓄積と科目担当の先生方との話し合いから導き出されたものです。初めから全てのつまずき例を提示することは難しいかもしれませんが，**実践を重ねながらポイントを押さえた要点を提示できるようになる**と思います。以下のスライドのような具体事例とセットで提示するのもわかりやすくて良いでしょう。

アウトラインの書き方を学ぶ
こんな場合は要注意

①深掘りしたはずなのに…
　　整理した要因が同じような内容

（例）
【背景資料】ニートの数
【疑問点】ニート問題が解決しない要因
【要因①】親が面倒を見るから
【要因②】親が強く注意しないから

アウトラインの書き方を学ぶ
こんな場合は要注意

②よくニュースで取り上げられており、
　　レポートを読む前から分かっている内容

（例）
【背景資料】GDP減少
【疑問点】GDPが減るのはなぜか
【要因①】少子化
【要因②】不景気

＊テーマや疑問点自体が大きすぎる

　論点のつながりについて考える前に，そもそも資料をどの段落で使用するか，全体でいくつ使うか，それぞれの場所で使う資料の役割は何かを理解していない学生がいます。せっかくこれまでの授業で背景に使える資料を段階を追って集めても，いざアウトラインを書く段階になると，それを使わずに多くの異なる情報を背景に詰め込んでしまう学生もこれにあたります。見本レポートを一緒に読んで，資料が必要な場所や役割，レポートの流れを確認しても，アウトラインを書く段階になると学生は複数のことを考えなくてはならずその細部にまで思いが至りません。例えば，アウトラインを書く時点で，「テーマを決める」「適切な資料を揃える」「定義が必要な用語は意味を確定する」「資料を読み込み課題を発見する」「課題に対する自身の主張を明確にする」「自分の主張に沿ってレポート構成を考える」など，多くのことを考えて整理する必要があります。一気に考えなければならないことが押し寄せて混乱してしまうのも無理はありません。そのような場合，以下のようなスライドでまずは「場所」「数」を確認し，適切さはともかく，書くための材料が揃っているかを確認します。そして見本レポートでそれぞれの資料が何段落目で使用されているかチェックさせます。そのうえで，自らの資料の性質を判断させ，アウトラインの何段落目に該当するところにその資料を配置すれば良いかなどを考えさせます。

　このときに，これらの資料がそれぞれ別の出典であることも確認しましょう。本実践では，一つのテーマや課題に対して多様な資料を参照することを必須としています。時々，一つの詳しい資料に頼り，使用した資料のうちほとんどが同じ出典であったり同じ筆者の著作から引用してくる学生がいます。その場合，その筆者が書いたことをほとんど写す形になってしまいます。また，最新データを調べようという姿勢も生まれません。たとえ論の流れがAという人の主張と同じになったとしても，別の資料を探してみることで，A以外にも同じような論点を持つ人がいることを実感できたりします。資料の関連性は，それぞれの引用先同士の関連性でもあるのです。

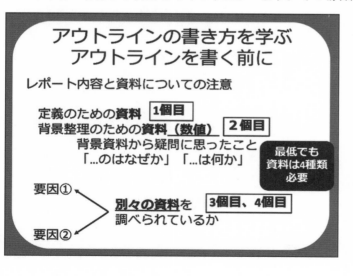

お悩み③ 結論部分にぼんやり提案または突然のアイデア

■考えられる原因

> レポートの目的や本論で述べた資料を意識できていない

　具体事例として見本レポートの主張「家庭での養護を増やす」を例に紹介します。ここで，残念な結論になってしまうケースとして「家庭養護を増やすべき。そのためには，国民全員がもっと子どもの立場に立って考えるべき」というぼんやり提案が挙げられます。また，「国家予算を5倍にするべき」という壮大なアイデアが提示されたり，「養育家庭と実親を結びつけるべき」といった突然のアイデアが結論部分でいきなり言及されたりするケースもあります。ぼんやり提案は，「ここまで調べてきたことがなくても言えてしまいますよね？」となりますし，壮大かつ突然のアイデアは「実現性は？　そしてそれはどこから出てきた案ですか？」となってしまいます。

■ステップアップのためのアイデア

> 本論で使ったキーワードを使うようにする

　学生は，「国民一人ひとりがこの問題について考えていくべきだ」「みんながこのような問題を知ることができるように広報していくべきだ」というような抽象的で提言めいたことを結論でよく書きます。これらの文言で何より残念なところは，せっかく色々と調べたのに，最後の結論や提案が**何も調べなくても書けてしまう**という点です。

　一方で，「**本論と結論を関連させて**」「**一貫性を持たせて**」といっても，**具体的にどのようにすれば「本論と結論の関連性が出る」のか「一貫性が出る」のか，よくわからない学生**もいるでしょう。例えば，見本レポートで言えば，結論は「親の親権」や「人材不足」などに言及して書くと本論で調べたことが結論に反映されますし，**これらの資料を調べて課題に対する見方の解像度が上がったからこそ書ける**結論になります。学生には「本論で使ったキーワード（重要なポイント）を結論でも使うと，本論で調べたからこそ述べられる結論になるので一貫性が感じられます」と伝えると，なるほど！と思ってもらえます。

自分ごととして捉えて提案を具体的に書いてもらう

　結論の提案になると「国が対策を立てるべき」「法改正が必要」など急に国家レベルのことに言及する学生もいますが，**テーマや資料によっては「これ，国家レベルの前に，大学生としてできることがあるのではないか」**ということもあります。例えば，若者の性病感染者が増加している，それは何が原因なのかということを検討した場合，本論で性教育の欠如やマッチングアプリの普及などの資料を使用したとします。その際，結論で「若者に性感染症についてもっと知らせるべきだ」というだけですと，読み手としては，「なぜあなたは今まで興味関心を持たなかったのか，どうすれば持てるようになるのか」というモヤモヤが残ります。これは必須ではないかもしれませんが，大きすぎてつかみどころのない印象を与えるアイデアには，「実現するにはどの辺から行動すれば良いと思う？　大学生が何かした事例はあるかな？」「財源は？　実現性は？」など，**調べたことをもとに（あるいはもう少し調べて）もう一歩踏み込んで考えてほしいことを伝えるようなコメントを残しています。**

　私たちの授業では，本論で書いたことと関連していれば，「例えば，大学生には，性感染症や金銭的な契約関係など，若者だからこそ気をつけなければならない注意喚起情報の周知とサークル勧誘を同じタイミングで行うのも一案である」など，**自分ごととして提案を書くことは許容・推奨しています。**「こうすると効果がある」という点を検証・検討していないことを結論に書くことになってしまうので，賛否両論あると思いますが，根拠なき提案となってしまう場合は，成功・類似事例等，提案を行うための追加資料を付加することも良いかもしれません。現段階で自分だったらどのような機会があれば知り得るか，また，気をつけようと思うかを自分ごととして考えて書くことで，本レポートが「単位のためのレポート」ではなく，**社会課題を自分ごととして捉え，資料をもとに判断し，世の中をよりよくするための具体的な提案を行う力**を育成することに寄与すると考えています。

お悩み④ 考えることを支援するためのポイント指導や
フィードバックが難しい

■考えられる原因

> 学生がアウトラインに必要な情報とつながりを理解していないため，紙面でコミュニケーションを取るための情報が揃わない

具体事例

　あれだけ言ったのに，全然構成が違う。アウトラインを見ても流れがつながっていない……。どうすれば，どう伝えればもう少しわかりやすかったんだろう……というケースです。アウトラインは論文の設計図という重要な位置付けでありながら，詳述した文章でのやり取りではありません。情報量が少ないなかで指導をする必要があります。そのためには，できるだけ具体的に書くところは具体的に，しかし簡潔に，全体のつながりがわかるように……と，**学生の思考とコミュニケーションを取りたい教員の要望に応えてもらう必要があります。**

　そして何よりこの段階の指導が難しいのは，「**学生自身に考えてもらうしか方法がないこと**」です。アウトラインが完成して執筆段階になれば，「あなたはここでこう言いたいんだよね。この言い方だとこちらの意味に解釈される可能性があるんじゃない？」などと表現方法などについての指導になっていくと思うのですが，アウトラインは背景資料から課題を特定し，主張したいことは何かを考え，その社会課題要因について考えていくことをしなければなりません。**「考えの流れ」がわかるように紙面に落とし込む必要があるので，とても難しい作業です。**その指導も当然難易度が高くなります。では，どのような方法がありそうか，一緒に考えていきましょう。

■**ステップアップのためのアイデア**

> 「ダミーアウトライン（残念な例）にツッコミ！」で総合チェック！

　本活動ではアウトラインシート（☞ 37–39 頁）と一緒に「記入済みの見本シート」も確認して，どのようなことをどこに書けば良いのか確認します（宇野・藤浦 2016, 33–34）。では，それだけで書けるかというと，見本の提示だけでは十分ではないことがわかりました。情報が不足している学生もいれば，長い文章をそのまま貼り付けてくる学生もいます。文章を貼り付ければ流れがわかるかというと，必ずしもそうではありません。

「要点がわかっていない」という点では，共通しています。つまり，大切なところを簡潔に抜き出せないのです。

　そこで，私たちは，以下のような「**アウトラインシート残念な例**」を用いて，どこが残念なのか，どのようにすればもっと良くなるのかなどを「**内容**」「**書き方**」の両面から**チェックポイントを確認**するようにしています。せっかくですので，どこにどのような「ツッコミ」を入れるのか考えながらご覧ください。

アウトラインシート残念な例：どこをどのようにコメントすればよくなるでしょうか。

学籍番号（17634634）名前（武蔵野花子）

タイトル：少子高齢化について

構成	内容	使う資料（番号）
序論	〈テーマに関心を持った理由〉 今話題になっているし，将来的に日本も困るから 〈自分との関連性〉 ・スーパーで働いているが，周りの人は高齢で独身が多い。 ・姉は子どもを産んだが保育所に入れられないから働くことができない。経済的にも大変だし，こんなことだったらもう二人目はほしくないと言っている 〈定義の確認とレポート内での定義決定〉 「少子化」「高齢化」の定義を調べる 〈背景・問題〉 ・少子化・高齢化が進んでいる【資料】 →このままだと子どもがいなくなる。働き手がいなくなる 〈意見・本レポートで行うこと〉 意見：少子高齢化になると日本は危ない 本レポートで行うこと：少子高齢化の原因を知りたい	①②③④
本論	〈少子高齢化の原因①〉 ・女性で働く人が増えた【資料】25～29歳　80% 〈資料からわかること〉 少子高齢化が進んでいる。【資料】65歳以上3500万人 →日本は少子高齢化になる	⑤⑥⑦
結論	〈今後の課題・提案〉もっと外国からの移民を増やしたらいい 〈まとめ〉1人1人が日本の状況を意識する，政府が対策を講じなければならない。	

■使う資料リスト
（ページ閲覧日などもメモしておく。どの資料をどこで使用するかわかるように上にメモする）

①	人口学への招待－少子・高齢化はどこまで解明されたか（中公新書）河野稠果
②	「少子高齢化」https://ja.wikipedia.org/wiki/少子高齢化
③	朝日新聞2010年11月22日
④	まとめNAVER
⑤	厚生労働省（平成8年）外国人の活用好事例集
⑥	厚生労働省「働く女性の実情」http://www.mhlw.go.jp/stf/houdou/0000135522.html
⑦	

この「残念な例」には，私たちがこれまで担当してきた「あるある」体験が詰め込まれています。学生には，**まずは個人で検討させ，気づいたことを書き込ませてから**ペアやグループにして話し合わせます。個人のアウトライン課題を提出する前に行えば注意すべきポイントに気がついた状態で課題に臨めると思います。また，個人のアウトラインを提出したあとにこの活動を行うと，「あ，自分，これやってる……」と自分で気がつくことができたり，お互いのアウトラインにアドバイスをするようなときにもポイントに注目してアドバイスできたりします。**自分のしたことに気がつけるというのも非常に重要です。まずは安心してつまずける環境，そしてそのつまずきに自ら気がつき訂正できる能力を育成します。**

この活動の順番は，全体で充てられる活動時間（カリキュラム）やクラス人数を考えながら調整します。**アウトラインがしっかりできれば，レポートは８割できたも同然です。アウトラインの執筆には時間を割いても良いように思います。**クラスで共有する時間が十分に取れない場合は，アウトラインの残念な例についてグループごとに付箋にダメ出しを書いて，貼ったものを机に残しておき，グループメンバーと一緒に他のグループの付箋を見に行くのも良いでしょう。どんなコメントがあるか観察しながら回ることで学生は短時間により多くのアイデアを目にすることができます。じっとしがちなライティングの授業で体を動かすアクティビティも取り入れつつ，頭もしっかり動かしてもらいましょう。

いずれにしても，**この残念な例が「現場の経験値から蓄積されたダミー」であること**が大切で，**顔の見える個人ではないことから学生も遠慮なく指摘しながら練習できます。**

また，**アドバイスする際の伝え方の練習にも最適です。**ダミーへの指摘ポイントをクラスで共有するときは，以下のように**セリフに近い形で提示することで，自分が感じたことを相手に伝えるイメージ**ができます。ここでは，訂正箇所だけでなく**良い点を褒めるコメントも示しているところ**がポイントです。

このような練習を経て，いよいよ自分のアウトラインやお互いのアウトラインの精査を行います。自分のチェックをして，直したいところや相談したい（アドバイスをもらいたい）ところを余白に書き込んでからペアに渡すという

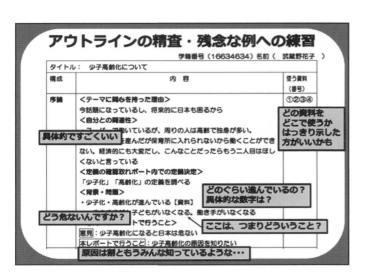

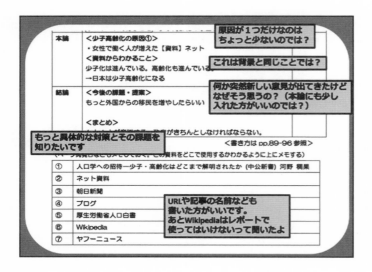

本論　<少子高齢化の原因①>
・女性で働く人が増えた【資料】ネット

原因が1つだけなのはちょっと少ないのでは？

<資料からわかること>
少子化は進んでいる。高齢化も進んでいる。
→日本は少子高齢化になる

これは背景と同じことでは？

結論　<今後の課題・提案>
もっと外国からの移民を増やしたらいい

何か突然新しい意見が出てきたけどなぜそう思うの？（本論にも少し入れた方がいいのでは？）

<まとめ>
　　　　　　　　がきちんとしなければならない。

もっと具体的な対策とその課題を知りたいです

<書き方は pp.89-96 参照>

① 人口学への招待—少子・高齢化はどこまで解明されたか（中公新書）河野 稠果
② ネット資料
③ 朝日新聞
④ ブログ
⑤ 厚生労働省人口白書
⑥ Wikipedia
⑦ ヤフーニュース

URLや記事の名前なども書いた方がいいです。
あとWikipediaはレポートで使ってはいけないって聞いたよ

活動も良いですね。自分で先に改善点を書き込んでおくことで，気がついている点を重ねて指摘されずに済みますし，アドバイスや相談をお願いする形であれば相手も遠慮せずに意見をいうことができます。

　教室のスクリーンにチェックポイントを映し出したり，ポイント資料を配布したりします。自宅や教室で行うリライト等で意識してほしいときは，ポイントとなるスライドを写真に撮るように指示すると（データや紙で資料を配布するだけよりも）チェックする確率が上がります。

　本実践では，学生に特に何度も注目してほしい点については，**データ配布と併せてスライドの写真を撮るように指示する**場合があります。

　冒頭の先生のお悩みにあったように，アウトラインは特に，「考えることについての支援」であるため，指導が非常に難しいです。「考えること」は学生にしてもらわなければならず，こちらが何かしらの解答を即座に与えるわけにはいきません。そこで，これまでご紹介したように，**教員と学生が一対一で向き合うだけではなく，個人でできるような活動，クラスメートとできるような活動を用意して，さまざまな角度から「考える機会」を作っていきます**。学生のタイプもさまざまです。教員からのコメントで気がつく学生もいるでしょうし，ダミーアウトラインへのツッコミをクラスメートと行うことで気がつく学生もいるでしょう。

　大切なのは，考える機会をあの手この手で作っていくことかと思います。「自分で気がついた」「自分で考えて少し良くできた」と学生が実感できるよう，答えを与えるのではなく，考える機会を与えていきましょう。そのためには，**学生本人や学生同士の力を上手に借りる**ことも大切ですね。

評価表とアドバイスシート＋コメントでフィードバック

これまでご紹介したチェックポイントは，アウトライン評価表と連動しています。

		説明項目	点数 (2-0)
序論（一・二・三段落）	1	自分がそのテーマに興味をもった理由が具体的に書かれているか 【以下の場合は減点】①自分とテーマの関連性がわかりにくい （※書かれていない場合は点数がつきません：以下全ての項目についても同様）	
	2	説明が必要な言葉（何度も出てくる基本的な用語）の定義を示せたか 【以下の場合は減点】①説明が必要な用語ではない，②調べるべき用語が調べられていない・足りない，③定義に不必要な情報を書いている	
	3	背景を把握するために必要な，数値が入った情報を調べられたか 【以下の場合は減点】①アウトラインに具体的な数値がない，②データの数値に加え，増えている・減っているなど傾向が書かれていない，③背景を把握するには資料が少ない	
	4	背景から調べたことをもとに「意見（なんのためにより深く調べるべきか）」と「本レポートで行うこと（より深く調べること）」が明確に書かれているか 【以下の場合は減点】①背景（数値・傾向）から導き出されていない，②意見と行うことにずれがある，③調べること＝目的になっており，何のために調べるか（意見）がわからない	
本論（四・五・六段落）	5	本論１・本論２で説得力のある主張と資料を提示できたか 【以下の場合は減点】①どちらか一方が説得力に欠ける，②論点が似ている，③一般的に広く知られていることで掘り下げられていない，④メリットデメリットを並べるだけ，⑤１点目と２点目が同列項目になっていない，⑥情報が並べてあるだけで本論の観点１・２がわからない，⑦背景内容と本論が重複している，⑧論点が二点ない，⑨資料内容が分かるように書かれていない，⑩資料と主張が一部／全くあっていない （特に大きな減点は④-⑧，⑩「全く」）	
	6	本論のまとめとして，本論１・本論２の両方の資料から総合的にわかったことが明確に書かれているか 【以下の場合は減点】①片方からわかったことのみ，②本論と本論のまとめがずれている	
結論（七段落）	7	今後の課題・提案は序論（目的）や本論を反映しており，具体的に示せているか 【以下の場合は減点】①レポートの目的・本論からずれている，②提案が一般的・抽象的で本論内容からより具体的に書く必要がある，③提案が序論・本論内容の一部しか／全く反映されていない	
全体	8	資料からわかったことを自分の言葉でまとめてメモしてあるか（「→」の部分） 【以下の場合は減点】①資料内容の繰り返しが多く，資料を見てどう考えたかが書かれていない（ほぼ考えが書かれていなければ大幅減点），②書かれているが，説明が不十分でわかりにくい，③書かれているが，資料との関連性がわかりにくい・飛躍した印象を受ける	
	9	背景資料・本論１・本論２は，別の資料や多様な出典を用いているか 【以下の場合は減点】①出典が重複している，②似たような著者・組織の資料，③出典不明確，④資料が少ない	
	10	タイトル，段落ごとの各項目，資料欄，参考文献など項目が揃っており，アウトラインの見本通りに体裁を整えて書いているか 【以下の場合は減点】①項目が揃っていない，②箇条書きになっていない，③書き方や情報の説明が不十分，④誤字脱字など体裁不備がある	
		合計点	

「この行動は減点」と明記することに抵抗感を感じる先生もいらっしゃるかと思います。私たちも同じ思いをまだ抱えて試行錯誤しています。ただ，実践を重ねるなかで実感してきたのは，「これに該当すると減点」という行動を明示して初めてその行動に注目できる学生も一定数いるということです。

例えば，自分が選んだテーマのベストアウトラインは，まだ形になっていないので学自身には見えていません。しかし，自分が書いたものは見ることができます。「本論にメリット・デメリットを並べてしまっていないか」という項目を確認することで，自分がそれらを並べてしまっていることに気がつき，どのように直せばよいかを考えることができます。それに気がつかない場合は，どのように直せばよいかを考えるという地点に立つことができません。もちろん全ての減点項目が自分の記述と照らし合わせてわかりやすいものばかりではありませんが，「何が足りないか」を学生に説明・指導できるようにするためには（このように評価表を用いなくても）減点ポイントを言語化できるようにしておく必要があります。

また，今回はクラス人数が 80–90 名からスタートし，現在でも 40 名前後のクラスで使用しているためこのような評価表形式でフィードバックしていますが，もっと少人数のクラスであれば，評価表という形式ではなくアウトラインに一つずつポイントとコメントを書き込むという形で行っても良いでしょう。

また，このような評価表のみでは改善に向けての方向性がわからない学生もいます。返却の際には，次頁に掲載した「ここを直すともっと良くなる」というアドバイスシートとともに返却しています。ここには，アウトラインでよくつまずくポイントが書かれており，該当するところにハイライトを引いて返却します。クラス人数が多い際には，このような仕組みを作ることで，指導ポイントは一斉に示しつつ，教員はテーマや資料についての個別指導を行ったり，良い点を具体的に褒めたり励ましたりする時間に充てられます。

学生は，評価表のみを受け取ると思わず点数に注目してしまい，その点数の理由などをじっくり考えないことがあるので，アドバイスシートや書き込みのコメントをよく読んで点数の理由を分析することの大切さを伝えながらフィードバックすると良いでしょう。

〈ここを直すと更によくなる！改良点アドバイス〉

1	興味をもった理由について，ニュースを見て気になったというだけではなく，「なぜ気になったのか」を自らの経験に基づいて詳しく書くと更によくなる
2	①調査した用語と本論の内容にズレがあるので，用語を調べ直したほうがよい（例：中絶問題について調査したいが，調べた用語が「中絶」ではなく「妊娠」になっているなど） ②自分のレポートで用語をどのように使うか示すと更によくなる（見本参照）
3	①読み手に向けての十分な説明ができるような資料（例：現状はどうか，なぜこれが問題（話題）になっているのか，どのぐらい深刻な（話題になっている）問題なのかがわかる）を探すと更によくなる ②説明が個別のケースしか扱っていない（例：子どもの虐待をテーマにしたいのに，全体像を示す資料がなく「北海道で子どもが置き去りにされた」など）ので，より大きな数字や背景（最近法律が変わったなど）の資料に変更すると更によくなる
4	見本レポートの「子どもにあった環境を選択できるようにするためには，家庭養護も増やしていく必要があるだろう（意見・本論調査目的）」「そのためにも，家庭での受け入れを難しくしている点を二つに分けて考えたい（本論観点・行うことの提示）」の2つの表現と同じ表現で，自分のレポートでしたいことを書いてみると，自分の意見とこれからすること（本論観点）がよりはっきりする
5	①資料が妥当でない（例：「詰め込み教育はいけない」ということを言いたいのに，持ってきた資料は「ゆとり教育の問題点」になっている）ので，主張にあった資料をもう一度探すと更によくなる ②資料の内容がわかるように書けていない（例：資料のタイトルなどだけ，資料の一部分を抜き出しただけ）ので，資料のどの部分をレポートに使いたいのか，その資料とレポート全体の主張にどのようなつながりがあるのかがわかるように書くと更によくなる ③資料の必要な情報だけでなく，不要な情報も同じぐらい入っていると要点がどこかわかりにくくなるので，必要なことだけを短く簡潔に書くと更によくなる ④論点について指摘された場合は，見本レポートをよく読み，「全体の主張は何か」「背景からわかったこと＋本論でなぜ，何を調べたか」「本論の一点目・二点目の関係」「本論でわかったことと提案」を考えて，もう一度練り直すと更に良くなる
6	①資料のまとめと自分の主張との関係がどのように関連しているか（つながっているか）考えて書くと更によくなる ②一点目と二点目を総合的に考えて，両方から言えることを考えると更に良くなる
7	①今後の提案が　a. もう既に行われていること／b. 実現性が極めて低いこと／c. 具体性に欠けること／d. 一部の人にのみ当てはまること　になっているので，テーマについて，{最新情報を調べる／具体的に実現できるかをイメージする／具体的に何をするかを考える／自分の思い込みが入っていないかもう一度考える}　と更によくなる ②背景＋背景のまとめ，本論＋本論のまとめをよく読み直し，レポート議論点と目的をもう一度確認してから提案を書くと更に良くなる
8	自分のことばで書かれておらず，資料で言われていることの繰り返しのような印象を持つので，書き方を工夫し「解釈」や「意見」を加えると更によくなる
9	①段落ごとに使う資料を検討し，できるだけ資料も内容も重複しないようにすると更に良くなる ②資料内容に矛盾があり（例：反対意見に使えそうな資料も入っているなど），全体的に言いたいことがよくわからなくなってしまっているので，見本レポートをよく読み，自分の立場をもう一度確認して資料を検討すると更によくなる
10	教科書*のアウトライン見本を横に置き，項目を確認しながら書くと更に良くなる ※レポート（第一原稿）を書くときは，教科書該当頁を見ながら書きましょう

*宇野・藤浦（2016）

それでもやっぱり，最後は面談！

　ここまで，あの手この手で，面談以外の形式で学生自らが思考を整理し，推敲できるような仕掛けをご紹介してきました。それでも，興味あるテーマについて見本レポートのような流れを組み立てるのに苦労する学生はいます。その場合は，やはりじっくり話を聞くことが有効です。「なぜこのテーマに興味を持ったの？」「数字として調べられるのはどのような資料だと思う？」「この数字を見て，あなたは問題だと思う？」「問題だと思うならそれはなぜ？　どんな人にどんな問題が生じると思う？」「その問題が解消されないのはなぜだろう？　調べてみた？」「どんなキーワードで調べると要因が出てくるかな？」「その資料について書くのは，このアウトラインシートだとどこかな？」など，**質問を重ねて，一つずつ学生の考えを引き出しながら一緒に考えて整理していきます。**

　友だちと相談に来る学生もいます。その場合は，「一緒に聞きますか？　一人で聞きたいですか？」と希望を確認したうえで，同席してもらっても良いでしょう。友だちと共に意見を言いながら，考えを深められる学生もいます。初年次の段階では，全てを自分で行うことを目指すのではなく，「自分で考えて書くこと」について，**クラスメートや教員の力を借りながら「考えて書くって大変だけど，楽しい。完璧ではないけど，自分でもできる」という思いを持ってもらうことを大切にしています。**

アウトラインシート活動

学籍番号（　　　　　　）名前（　　　　　　　　　　　）

★右端の「使う資料」欄は，どこでどの資料を使ったかわかるよう，左と行を合わせて書くこと（一番上の行にまとめて書かないこと）。

★箇条書きで書く。資料に出てきた数字や例（レポートに使う部分）・自分の考えは，レポート全体の流れがわかるように具体的に記載する。

★「自分の考え・意見」「資料」「資料からわかること」をはっきりと区別して書くこと。

タイトル：			
構成	段落	内容 （見本レポートに段落番号を振り位置を確認し， アウトライン見本をよく見て書く）	使う資料 （番号）
序論	1	〈テーマに関心を持った理由〉 ・ 〈自分との関連性〉 ・	
	2	〈定義の確認とレポート内での定義決定〉 ・ 【資料】	
	3	〈背景・問題〉 ・　　　　　　　　　【資料】 ・　　　　　　　　　【資料】 ・　　　　　　　　　【資料】 【資料からわかったこと・考えたこと（自分の言葉で書く）】 → → → 〈意見・本レポートで行うこと〉 意見： 本レポートで行うこと：	

本論	4	〈本論1：　　　　　　　　　〉 ・ 【資料】 → →	
	5	〈本論2：　　　　　　　　　〉 ・ 【資料】 → →	
	6	〈資料からわかること〉 ・	
結論	7	〈今後の課題・提案〉 ・ → 〈まとめ〉 ・	

■使う資料リスト

（ページ閲覧日などもメモしておく。どの資料をどこで使用するかわかるように上に
メモする）

例1	ヒューマン・ライツ・ウォッチ（2014）「日本：家庭環境を奪われた施設入所の子どもたち」〈https://www.hrw.org/ja/news/2014/05/01/253546（参照2015-3-4)〉
例2	「養子縁組」『日本国語大辞典』（第二版）〈japanknowledge.com/（参照 2015-10-30)〉
①	
②	
③	
④	
⑤	

⑥	
⑦	
⑧	

■次回授業時に必ず参照できるようにしてください

第4章

「執筆」の困った！

なぜ書けないのか，それは，
読みやすさを意識できていないから

テーマの絞り込みや資料収集，構成の決め方などと比較すると，学生のお困り度は低い傾向にあります。

書き言葉・話し言葉の区別など，「何らかの正解」が示されているものは困難を感じにくいのかもしれません。

また，以下に見る通り項目によってもお困り度が少しずつ異なります。

一方で，実際に書けているかというと……？

対策のポイントは，**「よく見本を見て構成を理解させること，練習問題を課して形式に気がつく目を養うこと」**です。

「執筆」について

学生のお困り度指数

・話し言葉・書き言葉 ★★★☆☆（52.6%）

・引用表現の使い方　★★★★☆（64.9%）

・参考文献の書き方　★★★★☆（65.7%）

冒頭でもご紹介したように，ルールに沿って書けば良いと思われるものでも，少しずつお困り度が違います。指導側にとっても，引用は「引用部分と書き手の解釈や意見の分け方」「要約内容の的確さ」など，指導難易度の高い項目です。

お悩み① 指示通りの構成になっていない

■考えられる原因

> ・段落や構成を十分に理解できていない
> ・型を真似ることに抵抗を感じている

具体事例

　段落が見本レポート（☞ v-vii 頁）と大きく異なっており，一見して，「あれ？」と気がつくケースです。見本レポートでは，「背景説明」「定義確認」……それぞれの段落が何らかの役割を持っています。それが足りないということは，必要な要素が入っていないということです。段落という概念がなく，一字下げができていないケースや，一文で改行して段落にしてしまうケースもあります。

■ステップアップのためのアイデア

> 型を真似る大切さを認識してもらう

　「言いたいことが伝われば，この型通りに書かなくても良いじゃないか」「私は自由に書きたい」，そんな気持ちを持っている学生もいます。そのような学生には，「確かに分野や目的によって型は違うけれど，どの分野や状況においても真似をして書く能力は必要なものです。今回のレポートの型には，読み手に伝わるように書くための要素がたくさん入っています。**型を観察して自分の文脈に合わせて真似して書く能力を育成する**ための授業でもあります。観察して真似する力がつけば，違う型の習得にも役立ちます。今回の授業では，まずはこの型を習得しましょう」と伝えています。型を真似して書くには，どのような型になっているかを観察し，どの場所に，どのような順番で何が書いてあるか，全体がどうつながっているかを理解し，自分の言いたいことと組み合わせて，見本にある表現を使いこなせなければなりません。各自，自由に好きなように書けば良いのであれば，そのような能力は育成できません。まずは，**「真似ること」の意味を理解**してもらう必要があります。

段落番号を一斉につけて，見本レポートを横に置いてチェック

　アウトラインの作成を経て第一稿を書いたら，印刷したアウトラインと第一稿を紙で持参させます。そして細部をチェックする前に，**一斉に自分のレポートに段落番号をつけます**。そして，同じように段落番号をつけた見本レポートを横においてチェックをします。段落番号をつける作業をすることで，見本レポートと大きくずれている点に気がつくことができます。指摘される前に本人が気がつくことが大切です。**構成が真似できない場合，そもそも「どこに」「何が」「どのような順番で」書かれているかを理解できていません。**もう一度見本レポートに戻り，段落ごとにチェックしながら進めます。本来は，アウトラインに沿って書けば見本通りの構成になるはず（フィードバックした場合は，教員からのコメントもあるはず）なので，持参したアウトラインも段落を照会しながらチェックさせます。

　各段落の重要なポイントになる表現は，線を引きながらチェックします。例えば，私たちの授業では，序論に入れてほしいこと・表現を，以下のスライドでチェックしています。例として掲載した文章は，見本レポートにある表現で，レポートの何段落目のどのあたりに書いてあるかを探せるように提示しています。評価表に「序論でレポートの目的を明確に書けている」という評価項目があっても，どのように書けば明確に書けていて，どのように書くと曖昧になってしまうのか，表現を全て自由にしていると，その線引きは採点者にも難しいです。私たちの実践では，見本レポートの表現を使って明確化すれば「できた」としています。これまでレポートを書いたことがない学生にとって，**「まずはこの表現を使えば OK！」という明確な表現の提示があると書きやすいです。**

　執筆自体を授業内で行っても良いでしょう。**良い文章を書くためには，推敲するための集中できる時間が必要です。**なかなか自宅で集中して行うのが難しい学生もいます。授業内で時間を取ることで，そのような学生も集中して執筆に取り組めます。**授業内で書く場合は，自由に質問をしても良い時間とします。**「家で集中して書きたい」という学生もいますが，そのような学生には，執筆しながら相談・質問できる機会として捉えて

必ず入れてほしいこと・表現

■序論

→　1段落目の最後：本レポートで何をテーマに取り上げるのか

例：本レポートでは日本における家庭養護の現状について取り上げる。

→　序論の最後：本レポートで，**何のために**（レポートの目的）
　　　　　　　何を考え/明らかにし（本論ですること），
　　　　　　　それについて**どうしたい**（提案・課題）のか

例：本レポートでは日本における家庭養護の割合を増やすために，家庭養護を難しくしている要因を2点に分けて考え，今後どうあるべきか対策を模索したい。

もらえるようにアナウンスします。決められた表現以外にもチャレンジしたい学生は，「この表現の代わりにこの表現はどうですか」と相談してくることもあります（言いたいことがはっきり伝わる場合はもちろん認めています）。このように，**普段不安に感じている学生や，もう少しチャレンジしたい学生も，質問時間を設けられると「質問・相談して良い時間」**として安心して質問・相談できます。質問を受け付けていると，構成や表現だけではなく，書式や提出方法など，**全体に共有した方が良い質問が出ることもあ**りますので，その際はクラス全体で共有します。その作業時間・質問時間の間に，何も質問が出なければ，**個別にサポートが必要な学生に対応する**時間とします。

> 重要ポイントは，写真撮影 OK！ 相互チェックでも活用する

アウトラインの章でも述べましたが，つまずきのなかでもよくあるつまずき（評価にも大きく影響する点）については，最後に注意点をまとめ，重要スライドとして提示します。私たちの実践では，第一稿のセルフチェック・相互チェックの際は，以下のスライドを提示して，写真撮影も OK としています。**「写真撮影 OK」というアナウンスは，学生に「このスライドはとても重要なスライドである」と認識させる**ようで，多くの学生がカメラを向けて写真を撮ります。執筆時やチェック時にその写真を開いてくれたらこちらの狙い通りです。

アウトラインのフィードバックも行っていますが，全て改善されるわけではないため，重複する部分もあります。④の各段落の分量については，他者のレポートの評価・アドバイス調査（藤浦・宇野 2023）から，「構成（段落の分量や順番等）」は，「内容」「表現」と比べて言及されにくいことがわかっています。**学生が気がつきやすい／気がつきにくいポイントを教員が把握しておくと，教室活動で注意を促す際の役に立つでしょう。**

ここは特に気をつけて！

① 【背景】と【本論】は内容が**重複しないように**しましょう

② **ナンバリング（第一に、第二に）は必ず使い**ましょう

③ 見本レポートの**重要表現は必ず使用**しましょう

④ 各段落の**分量**も見本レポートを参考にしましょう

⑤ **引用表現を必ず用い**、自分の解釈と資料に書いてあることが**混ざらないように**しましょう。

⑥ 参考文献は**ルールを守って**書きましょう

お悩み② 読みにくい。形式がバラバラ。 文章の主語と述語が合っていない

■考えられる原因

①読めれば良いと思っている
② Word や Excel の操作に慣れていない，学んだことがなく方法がわからない
③一文の長さを意識していない

具体事例

　デジタルネイティブといっても，学生たちが慣れ親しんでいるデバイスは多くの場合PC ではなくタブレットやスマートフォンなので，Word や Excel などの扱いに慣れていない学生もいます。インターネットで検索した資料で，引用したい部分を見つけてコピーして貼り付けて……書式はバラバラ。フォントが違うだけでなく，行間も文字の大きさも，ひどいときにはハイライトが取れていないことも……。また，「である・だ」と「です・ます」が混ざっていたり，文章がねじれていることもよくあります。

■ステップアップのためのアイデア

読みやすさの価値をわかってもらう

　形式がバラバラで，一文が長い。句読点や接続詞を効果的に使えていない。このような原稿は，読者にとって非常に読みづらいものです。会話でも，要点をまとめずダラダラと話し続ける，ボソボソ話す，興奮して怒鳴りながら話す，など，相手にとってストレスになるような話し方ではコミュニケーションはうまくいきません。読みづらい原稿を書くということは，読み手とのコミュニケーションを意識できていないということです。
　例えば，段落は内容の切り替えを読者に伝えますし，接続詞は前に書かれていることとの関係を冒頭で伝えます。学生には，これらが**単なるルールではなく**，**読者にとって読みやすくするためのもの**で，**積極的に使う必要があるもの**であることを伝えましょう。最近多いのは，句読点がうまく使えないケースです。文章の切れ目がわかりにくいので，読者にとってストレスになります。一方で，SNS などで短い文章に慣れている学生は，どこに読点を打てば良いのかよくわからないと言います。少々乱暴ですが，「"は"の後・接続詞の後は，点を打ってみましょう。資料を読むときに，その資料で点が使われているところも観察してください」と伝え，学生に文章を観察する機会を持ってもらうようにするのも一案です。

統一すべき表現や形式は，できるだけ教員の手をかけず，練習問題，便利ツールやピアチェックで見る目を育てる

　まず，レポートで気をつけるべき表現についてです。例えば，「**話し言葉・書き言葉の区別**」は，接続詞・副詞・文末表現など，チェックするポイントは多岐にわたります。しかし，学生のお困り度実感を見てみると，**書き言葉と話し言葉の区別は，全ての項目のなかでも最も低い数値，つまり学生が簡単だと感じている学習項目**です。「この表現の代わりに，この表現を使う」ということが明確で，覚えれば置き換えるだけで良いからです。明確な回答があるものを学生は好みます（といっても，できる学生ばかりではありませんが）。私たちの実践では，**統一すべき表現や形式は，学生同士あるいはシステムでチェックできるものとして，できるだけ学生自身・学生同士で訂正できるような仕組みを作り，教員は「学生が自分で考えるサポート」のほうに力を使おう**ということになりました。限られた時間のなかで，教員だからこそできるサポートについて考えた結果です。

　私たちの実践では，話し言葉・書き言葉のチェック，一文の長さなどは「文採」（巻末の参考資料に URL 記載）というサービスを使って，学生自身にチェックをさせました。もちろん，学内やクラス予算の関係もあるので全ての実践現場で可能な方法ではありません。その場合，クラス全体でチェックの時間を取り，時間と項目を決めて「まずは文末表現のチェックをします。です・ます・でしょうなどがあればチェックしてください」と，学生自身にペンを持たせて相互に交換してチェックをしても良いでしょう。あるいは，教室内で PC を使うことが可能であれば，「です」「ます」「でしょう」「だから」「一番」「大事」など，特に多い表現などを教員がピックアップして表現一覧を作成し，Word の検索機能などで各自検索してもらうのも良いでしょう。検索機能や置換機能は卒業論文などの執筆時（表記揺れチェックなど）にも使用しますので，**機能を使いこなす練習**としても有効です。Word で文章を作成すると，不自然な文章には文法チェックのための下線が自動で出ます。学生はその意味がわからずに，下線を無視してしまうことがあるので，「下線が出たらその文章は無視せずにチェックしてください」と呼びかけましょう。

　話し言葉・書き言葉のチェックは，以下のようなリライト練習も行っています（この練習問題の文章も Word で確認するとたくさん下線が出ます）。鍛えたい項目に合わせて，このような練習問題を複数作成しておくのも良いですね。

〈リライト課題 レポートにふさわしい表現に書き直しましょう〉
子ども・若者は，将来の社会の担い手。子どもや若者が将来「社会をよりよくしたい」って考えるためには，大人たちがそのように思えるような環境作りをすることが必要

であると考えます。子ども・若者が前向きに生きていく社会をつくるためには，現状の把握から始めなきゃなりません！

内閣府の「平成26年版 子ども・若者白書」では，日本を含めた7カ国（日本・韓国・アメリカ・イギリス・ドイツ・フランス・スウェーデン）の満13-29歳の若者を対象とした意識調査を行ってます。同調査によると，「自国のために役立つと思うようなことをしたいか」っていう質問に対し，日本は54.5%の若者が「はい」と回答してます。5割を越えたのは，日本の他にはスウェーデン（53.7%）のみで，その他の国は，いずれも5割以下。一方，「私の参加により，変えてほしい社会現象が少し変えられるかもしれない」に「そう思う・どちらかといえばそう思う」と回答した若者の割合は，日本は約3割にとどまりました。日本以外の国は，約4割〜5割であり，日本よりも高い割合を示してます。

以上2つの質問と回答から，日本の若者は，自国のために役立つことをしたいと思ってる一方で，自身の行動が社会を変えるっていう意識は低いことがわかりますね。つまり，気持ちはあるんだけど，行動を起こしたくなるような希望を持ててないんです。このような空気を変えるためには，どのようなことが必要なんでしょうか？ 私は，過去の事例にとらわれずに「できるかもしれない」という姿勢でサポートする大人が必要だって考えます。「できる経験」を積み重ねていくことで若者の意識も変わっていくんじゃないでしょうか。そのためには，大人自身の意識を変えなきゃ行けない。全ての世代が「できる」という希望を持ち続ける社会にするために，まずは自分を信じることから始めたいですね。

　間違い例が少々極端ですが，**簡単に探して直せる部分と難しい部分を混ぜておくのも学生のやる気を削がずに課題に向き合わせるコツ**です。また，リライト課題の解答も一つではないため，答え合わせをする過程で「先生，この表現はダメですか？」と学生から質問が出ます。これらを良いチャンスとして，多様な表現を確認します。さまざまな表現にチャレンジしたい学生は，このときのフィードバックを覚えていて，多様な表現を使いながら執筆してきます。

ねじれ文・呼応は文章の長さで対応

　ねじれ文・呼応は，なかなかセルフチェックやシステムでは改善が難しい部分です。書き手本人も気がつきにくく，実は，私たちも指摘される場面がまだまだあります。

　学生のレポートで特に多い例は，主語が「一点目は」「理由は」などになっているのに，文末が「〜ことである」になっておらず，「〜する」などになっているケースです。このように，よくある例で，「一点目は／二点目は」など，構成で段落の頭が決まっている場

合は，文末チェックを一斉に行うことができるので，そのような場合は一斉にチェックをするのも良いでしょう。

　一文の長さは，途中で主語が迷子になってしまう一つの原因になります。 一文の長さを短くすることで，ねじれ文が生じる確率を下げられます。私たちの実践では，文章の長さについて80文字程度に収めることを一つの基準としています。一文ずつカウントするのは現実的ではありません。指定する原稿の設定にもよりますが，一つの文章が2行以上にならないようにすると良いでしょう。先生によっては，一行半程度にしたいという方もいらっしゃるかもしれません。いずれにしても，学生がパッとみて長すぎる文章を探せるような基準を案内すると良いと思います。複文で長くなる場合は，二文に分けるように指導しましょう。

お悩み③　これって引用？　自分の意見？
　　　　　引用と意見が区別できていない

■考えられる原因

> ・引用をする理由・混ぜてはいけない理由を理解していない
> ・「〜によると，〜という」という，表現のサンドイッチが徹底されていない

具体事例

　レポートを読んでいて，引用表現が曖昧に使用されていたり，引用表現が使用されておらず，資料に書かれていることと学生が書いた文章とが混同されているケースです。**特に引用表現が用いられていないケースは，「剽窃」で不正行為となります。**アカデミック・ライティングの授業以外の場でも同様のことをしないよう，**引用表現の徹底はアカデミック・ライティング指導において最重要事項です。**以下，例を二つ挙げます。下線は問題となる記述です。

①混ぜてしまう例

　「厚生労働省（20XX）によると，家庭環境上保護が必要な児童の家庭等への委託は14.8% で，<u>多くの児童が不満を抱いていることが想像される状態である</u>という。」
★資料に書かれているのは割合の部分のみで，「多くの児童が不満を抱いている」とは書かれていません。自分の解釈をあたかも資料に書かれているように混ぜて書いてしまう例です。

②引用表現を使用していない例１

　「厚生労働省（20XX）によると，家庭環境上保護が必要な児童の家庭等への委託は14.8% であるという。この割合から，家庭での養護割合が低いことがわかる。<u>産みの親の同意がないからという理由で，養親との特別養子縁組が認められるまで７年間もかかったケースもあるため，養子縁組に関する環境が整っているとは言えない。</u>」
★前半の引用表現は正しく使えています。次の「この割合から〜がわかる」という，筆者（学生）がその資料の数字をどう解釈したかも，資料とは区別して書かれています。しかし，その後半部分は引用表現が用いられていないため，どこに載っていた，いつ頃の情報かというのが読み手にわかりません。

③引用表現を使用していない例２

　「<u>大勢の中の一人として育てられる施設では特別な存在としての実感を得られにくい</u>

など様々な課題がある。子どもはできるだけ家庭養護されるべきであろう。」

★前半は資料から引用した文言です。よってここは，「資料A（20XX）によると，大勢の中の〜…」の書くべきところですが，それが明記されていません。後続の意見と混ざって曖昧になってしまっています。このタイプは教員も見つけづらく厄介です。

■ステップアップのためのアイデア

引用の役割を理解させ，剽窃が厳しく罰せられることのある大きな問題だと伝える

　これまで資料を使いながら自分の主張をしたことがない学生にとって，資料の引用を必須としたレポート課題を与えられても「**自分の考えを伝えるなら，意見文・感想文で良いのでは？　なんで資料なんて使うの？**」と感じます。なぜ資料を引用しながら主張をするのか，それを理解してもらわなければ，資料と自分の考えとの関連性についても**考えることができません**。石黒（2012：197）では，「引用の四つの目的とメリット」として，以下のように整理しています。

①オリジナリティを高める

—他者の主張から研究史を編み，そこで明らかになっていない部分を明確にすることで，自説のオリジナリティを高める

②自説の根拠にする

—他者の事実や主張を根拠にして事故の主張を示すことで，自説の確かさを担保する

③自説の応援団にする

—他者の主張を引き合いに出して，それを自己の主張に援用することで，自己の主張を補強する

④自説の仮想敵にする

—他者の主張を引き合いに出して，その問題点を指摘することで，自己の主張を補強する

　これを見てわかるように，**自分ではない他者が言っているということこそが，自分の主張をはっきりさせるためにも大切**であることがわかります。だからこそ，引用表現を用いてはっきりと区別する必要があります。

　引用表現については，表現を扱うだけではなく，**引用表現を使わない場合は不正行為となることも**何度も繰り返し伝えます。「これから説明する引用表現を使わずに他の資料の内容をレポートに入れると，剽窃という不正行為となります」「レポートで剽窃が発覚した場合，今学期の単位が全て不可になり，留年が確定します。絶対に剽窃をしないでください」など，スライドで掲示し，**全学的な不正についての扱いも確認してしっか**

りと注意します。

　引用表現は，他の表現とは違い「推奨」ではなく**「必須」**です。重要なルールなので，**評価表にも反映させ，学生が気づかずに引用表現を伴わない引用を行ってしまったとしても，**セルフチェックや他者からのフィードバック活動で**「大きなミスをした」という**ことに気がついてもらう仕組みを作ることも大切です。初年次で剽窃で留年になってしまった学生の話は刺激が強すぎるかもしれませんが，それぐらい重要なルールであることをわかってもらう必要があります。

> ### 引用部分に線を引かせ，表現のサンドイッチと分量をチェック

　引用の役割と，引用表現の重要性を説明した後は，**分量と引用表現の確認**をします。まず，原稿の資料引用部分（情報が書かれている部分）に線やハイライトを引かせます。教室でアナウンスする時も**「資料に書かれている部分全てに線を引いてください。自分**の言葉で書いていないところは全部です」と，伝えてください。時々，意見を述べる部分に，引用表現を使わずに他者が書いた文章をそのまま使っている学生がいます。何枚もレポートを見ている教員は，全体から浮いている文章を見つけるのが得意なので，その文章を検索するとほぼ同じ文章を見つけられます（担当教員「あるある」ですね）。資料に書かれているような数字やデータじゃないからと，このような意見の部分にハイライトを引かない学生がいます。しかし「自分の言葉で書いていないところは全部」というと，これらも該当しますので，そのようにアナウンスします。**「データだけでなく，引**用表現を使わずに他人の意見を自分の意見のように書いている場合も剽窃です」と，はっきり伝えましょう。この作業の良いところは，分量も確認できるところです。要約が苦手な学生もいます。例えば，新聞記事から個別ケースを引用する場合，「Ａ市在住の86歳の田中太郎さんは，23年前からＡ市に住んでおり，近所付き合いも良好で知人も多かった。その田中さんが突然……」と，冒頭から省略せずにそのまま引用しているようなケースがあります。引用を行う場合は，自分の主張と関連するところを簡潔に引用する必要があります。**分量は「簡潔に引用する」の目安です。**「自分の言葉で書かれている分量とのバランスに注目してください」と伝えます。例えば，90％が資料だったり，反対に90％が意見だったら明らかにおかしいですね。そのようなことに学生が自分で気づく仕掛けを作ります。このときに，**見本レポートでも分量をチェックしておくと比**較できて良いですね。

　引用の要約部分は短くしすぎても，その資料を直接読めない読者にとってわかりづらくなってしまうこともあるので，その場合は，教員チェックや学生同士のチェックのときに，「これは，何が，どうなったのか」ともう少し詳述しなければ伝わらないことを指摘します。また，引用元の書き方も，「田中太郎 Ｂ大学紀要「Ａ市におけるＣの取り組

みについての現状と課題」（2021）によると……」のように，引用元の情報が非常に長い（独自のルールで書いてしまう）場合もあります。引用表現と参考文献は，各実践において守ってほしいルールを**資料のタイプごとに紹介し，例文とともに配布しておくと良いでしょう**。

　私たちの実践で使用している引用表現は，「〜によると，……という」で，間接引用を採用しています。この場合，**後半の「〜という」が使われていないと，どこまでが引用表現で，どこからが学生の文章なのかが曖昧になります**。読み手にとって曖昧であるということは，書き手である学生もしっかりと区別できていないことが考えられます。その場合，**「引用は必ず表現のサンドイッチをすること」**という指示を行います。引用表現が一種類ですと全体として洗練度に欠けますが，まずはサンドイッチ型の引用スタイルを厳守することを優先しています。まずは一種類でも「確実に使えること」を目指し，更に表現を学びたい学生には，二通・大島・佐藤・因・山本（2009）の『留学生と日本人学生のためのレポート・論文表現ハンドブック』を案内しています。項目ごとに表現が整理されており，実例とともに掲載されているのでとても便利です。また，宇野・藤浦（2016：97–103）では，練習問題も設けています。そのような練習問題をクラスで行い，全体で確認するのも良いでしょう。

　レポート・ライティングに関する指導のコツなのに，執筆の章が少ないのでは？と感じた方もいらっしゃるかもしれません。「アウトライン」を扱った3章でも述べましたが，**テーマを決めて，構成を考えて……と，段階を追って指導をしていると，執筆の前の指導がいかに大切かがわかります**。担当されている先生方からも，「テーマ決定とアウトラインは本当に大切！」という声がたくさん届きます。レポート指導は，考える支援ですが，その「考えることの支援」が難しく，大変です。

　また，学生も，**伝えたいことがあると読みやすさにもこだわりたくなるため，形式についての意識も高くなります**。内容はなんでも良いから形だけという授業内容ですと「自分が言いたいことをわかってほしい」という気持ちがないまま取り組むことになります。相手への伝わりやすさを考えて文章を組み立てる努力・形式を整える努力をしてもらうためには，完璧にできないまでも達成感を感じてもらうには，やはり**「いかに伝えたいという気持ちを育てるか」**が大切だと思います。

第5章

「クラス活動」の困った！
活動指示は具体的に，雰囲気は自由に

「お互いのレポートを読んで気づいたことをコメントしてください」と，
指示をしてもシーンとしてしまう。
話し合いを始めてもすぐに終わってしまう。
話してはいるけれど，リライトにつながらない……。
学生のお困り度（難易度実感）は全ての活動の中で最も数値が低いのですが，
教員にとって「良い意見交換をさせる」ということは，
学生の「簡単だ」という実感に反してとても難しいことではないでしょうか。
この章ではそのような悩みについて一緒に考えていきたいと思います。

「他者との意見交換」について
学生のお困り度指数　★★☆☆☆（45.4%）
他の項目に比べて，学生のお困り度は低めです。何かその場で気付いたことを言えば良い
と，気楽に捉えている学生もいるかもしれません。しかし，話し合いやコメントをするこ
とについてトレーニングを受けたことのある学生はほとんどいません。そうした学生に
「しっかり」意見交換してもらうには，工夫が必要です。

お悩み① コメント活動を始めても「シーン」としてしまう

■考えられる原因

①ラポール形成ができていない
②発話のきっかけが掴めない

具体事例①

「お互いにアドバイスをしてくださいって言われても，相手のことよく知らないし……」と，相手と話すことについて躊躇してしまうパターンです。

具体事例②

相手の出方を窺いずっとお互いに黙ってしまうパターンです。コメント以前にまずは話すきっかけが必要です。

■ステップアップのためのアイデア

> コメントから少し離れてアイスブレイクをする

　まずは，誰でも簡単に答えられることについて情報交換しておくことで，**話すための筋肉をほぐします**。レポートとは全く関係のない話題であれば，「名前と誕生日と好きな食べ物を言ってから始めてください」と指示することがあります。誕生日はなんとなく近いと嬉しくなったり，好きな食べ物も意外と「甘いもの」「辛いもの」「歯応えの良いもの」など，傾向があり共通点を見つけやすく，**同意できなかったとしても即ち価値観の違いに結びつくものではないので雰囲気を壊すリスクも低いです**。レポートに関する質問であれば，今回持ち寄った課題を書くときにどんなことに困ったかなどを話してからも良いです。**先に悩みを出しておくことで「みんな悩むんだな」という感覚を共有**してから始めるので，お互いにアドバイスをしやすくなります。ただ，具体的な悩みがすぐに出てこないことがあるため，その場合は，①資料を探すこと，②書き言葉と話し言葉の区別，③自分の意見を書くこと，④その他，など，**選択肢を与えて選んでもらうと話しやすく**なります。

人数や組み合わせを工夫する

　コメントが苦手な学生同士がペアになるとうまくいかない場合もあります。そのような場合は3名にしたり，2名の場合でもコメントが得意な学生と組ませたりして，組み合わせにも工夫をします。**ペアを決めるときにこちらで設定を考えるのも一案です。**例えば「通学時間30分以内の人！」と手を挙げてもらいそのなかで組んだり，「アウトドア派？インドア派？」と聞いてみて，教室内で大まかな集合場所を決めてそこまで歩いていかせてグループを決めるなど，**手を上げる，歩くという動作を入れるだけで授業に活気が出ます。**また，組み合わせも，毎回隣の席の人にすると自由に席に座る場合は友だち同士になる可能性もあり，雑談に夢中になってしまって話し合っていなかったり，照れや慣れもあって率直なコメントができなかったりすることもあります。普段あまり話したことがない相手でも，**「何についてどのようにコメントすれば良いのか」**という指示が明確にできていれば，話し合えます。普段あまり話さない相手と意外なコメントや鋭いコメント，嬉しいコメントを交換できたりすると，相手への印象も変わり**授業をきっかけに新たな関係性が生まれます。**

感謝の気持ちを伝えてから活動を始める・終える

　教室全体に良い意味での声が響いていると，「話し合うのが当たり前」「話し合いが許容されている」という空気になります。ペアやグループを組んで，移動したり動き始めたタイミングで「ペアやグループの人によろしくお願いします，と挨拶してから座ってください」と声かけをすると，まずお互いに声を出す機会が生まれます。そして，ペアやグループを交代する，**活動を終える前には**「はい，そろそろ時間です！　お互いにお礼を言ってから，席に戻ってください／次のペア・グループになってください」とアナウンスをします。教室全体に「ありがとうございました」という声が広がると，**お互いにコメントをすること＝他者のためになる良いこと，**という意識を持つきっかけになりますし，教室全体も良い雰囲気に包まれます。ほんの少しの声出し機会ですが，**毎回の話し合いのタイミングで習慣にする**とお互いに「言うのが当たり前」という空気が作られ，コメントのしやすさにつながります。

学ぶことへの貢献・特定の人ではなく機会や成長に注目してもらう

　それでも，ラポール形成を拒む学生，相互コメント活動が苦手な学生や，あまりコメントをしない学生とペアになった学生から，「話し合いはあまりしたくない」「話し合い

がうまくいかなかった」という意見が寄せられることもあります。前者については、もちろん過剰に強制はできませんが、まずはその理由をじっくり聞いてみる必要があります。**言いたいことはあるけれどすぐに面と向かって伝えるのは難しく、記述であればできる学生もいます。**そのような場合は、あらかじめ伝えることを記入する時間を設けてから話し合いに入ったり、コメントカードに記入して交換したりしてもらうなど、毎回同じ方法ではなく、**扱う内容に応じて意見交換の方法を工夫する**のも良いでしょう。

　また、そもそもなぜ意見を交換するのかという点も説明します。自分だけで考えるのではなく他者からのコメントにより気がつくことは多く、コメントをする＝お互いの学びへの貢献であることを明示しましょう。**意見交換は、お互いに学びの機会の贈り合いであること**を伝えます。

　また、**「意見交換が進まなかった」「意見がもらえなかった」という悩みを相談にきた学生に対しては、**「同じ人でもその日の状況や気分によって話し合いに入る話題やきっかけが変わるかもしれないし、話し合いがうまくいくときばかりではありません。これから話し合いの方法も磨いていくので、どのようにすれば話し合いがうまくいくか、相手から話が聞き出せるか観察したり試したりしていきましょう。社会に出ても話し合いは毎回うまくいくわけではないですよ。でも、観察しながら練習すると少しずつ気がつくポイントも増えて上手になりますよ」などとフィードバックすることで、**まずはうまくいかなかったその一回が話し合いの全てではないこと**を説明します。

　そして、その日の話し合いに満足できなかったということについて、**個人の性格や能力に帰属させるのではなく、方法や機会、そしてこの授業の外でも役立つことや今後の成長に注目させます。**そして、「次の話し合いはどうやって臨もうかな？」と考える気持ちが持てるように応援します。

お悩み② 「いいと思います」「特にありません」で終わり

■考えられる原因

> ①具体的なコメントポイントを把握していない
> ②課題を指摘すると相手に不快感を与えると思っている

具体事例

　「お互いのレポートを読んで気づいたことをコメントしてください」と，指示をしても「いいと思います」「特にありません」と言うだけで，コメント活動がすぐに終わってしまう。形式のみを指摘して終わってしまう。この場合，「何に注目すればよいかわからない」「反対意見や疑問点を言ったら相手が不快になるかもしれない」と思っている可能性があります。

■ステップアップのためのアイデア

> 「これってどういうこと？は，当たり前」という意識を持ってもらう

　レポートを読んでいると，一度で全てわかり「なるほど！」と思うことの方が少なく，「これってどういうことだろう」と感じる部分があることの方が多いのではないでしょうか。教員自身も，論文や報告書を書いても読んでもらった人（査読者）から疑問点を含むコメントをもらうことがほとんどで，「わかりやすく文句のつけようがありません」といわれる場面は稀ではないでしょうか。教員はそうしたことを日々実感しているのですが，学生は「人のレポートを読む」という行為をしたことがほとんどありません。その場合，「読んでもよくわからない部分があるのは，自分が色々知らないからかな」「自分の理解力がないからかな」と考えてコメントするのを躊躇う場合があります。「これってどういうこと？があるのは当たり前。研究者のような，論文を書くのを仕事にしている人でもあります。みなさんは，今，書くトレーニングをしています。お互いに読んでみて，わかりにくい点や疑問が出るのが当たり前です」と伝えてから活動に入ると，「これってどういうこと？」を隠さず伝えようという意識を持つことができ，活動に取り組みやすくなります。

驚きや感想も相手にとっては嬉しいものであることを伝える

　レポートを読んでいると，相手が選んだテーマについて初めて知ることもあるでしょう。「えっ！　そうなんだ。知らなかった」「こんなに多いの？」など，相手への指摘だけではなく，**相手が調べてきた資料などから初めて知ったことがあれば，それも伝えるよう**にします。自分が調べてきたことを共有することで，相手の知識に変化があったと感じることができると，「調べてきてよかった」「共有してよかった」という気持ちにつながります。また，このような反応は，内容改善のコメントよりもハードルが低く，お互いに伝えやすいです。

　また，これまでコメント活動を他の授業でもした経験のある学生もいます。「ためになるコメント」「嬉しかったコメント」はどのようなコメントかについても共有すると，大抵**「良い点だけでなく改善点も指摘してくれるコメント」**という意見が出ます。このように，指摘すること自体は悪いことではなく，むしろ改善のために求められていることに気がつくと，改善点を指摘することに対する心理的な負担が軽くなります。

チェックポイントとセリフを提示する

　何を見れば良いかわからない，と思っている学生には，話し合う際のポイントを提示すると良いでしょう。取り組みやすいポイントは，「話し言葉・書き言葉の区別がついているか」「一字下げはできているか」といった書式やルールに関してでしょう。**「自分で見るだけだと見落とすから，クラスメートの目に助けてもらいましょう」**と，指摘する／されることをポジティブに捉える声かけも有効です。

　もう少し突っ込んでレポートの内容についてコメントする際には，例えば以下の観点があります。

【 具体例，反対意見，順番，簡潔さ，信頼性，引用資料（箇所）と意見の関連性 】

　このような観点を決め，またこれらについてコメントするには，どのような表現を用いたらよいかセリフ例を提示しています（宇野・藤浦 2016：126-127）。

〈チェックポイントとセリフ例〉
・反対の意見に注目しよう！
　「ここ，反対意見についても触れながら主張していて説得力があるね！」
　「反対の〜という意見についてはどう思う？　それについても少し書いた方がいいかも」

・順番に注目しよう！
「こことここ，順番が逆の方がわかりやすいかも」
「これを書く前に，〜について説明があった方がもっとわかりやすくなりそう」
・意見と引用資料との関連性に注目しよう！
「この意見だけど，引用している資料にはそこまで載っていないから，もう一つ資料
を加えると良いかもしれない」

　このように観点とともにセリフ例を提示し，自由に選びながらコメントをしてもらう
ことで，「どのようにコメントすれば良いかわからない」という悩みや負担を軽くします。
また，「5箇所は見つけてみよう！」と個数をアナウンスするのも効果的です。
　まずは，声を出してもらうこと，そのための観点や伝える例を提示することで，少し
ずつ「コメントのバリエーション」を蓄積してもらいます。

お悩み③ 留学生との意見交換がうまくいかない

■考えられる原因

①日本語母語話者：留学生にどう接すれば良いかわからない，「日本語を教えてあげないと」と思っている
②留学生：自分の日本語に自信が持てずに意見を言うことを控えてしまう

具体事例

　日本語を母語とする学生が同じクラスの留学生とグループワークを行うとき，これまで留学生に接する機会が少なかったり，どのように接すれば良いのかわからないと感じてしまい，うまく話し合えないケースです。また，過度に「日本語を教えてあげなければ」と考えて，日本語の訂正に一生懸命になってしまう学生もいます。一方，日本語力に自信がなく，コメントを控えてしまう留学生もいます。しかし，**日本語能力と思考力は別物です**。多少日本語を間違えていたとしても，**論理的な思考力があり鋭い指摘ができる学生や，テーマを捉える発想が豊かな学生もたくさんいます**。その点に関しては日本人学生も留学生も関係ありません。そこに気づかずに「留学生だからこの人とはしっかりした議論ができない」「自分の日本語力では意見を言わない方が良いかも」と考えてしまうと，地域や文化を超えて互いに学び合う貴重な機会を失ってしまいます。

■ステップアップのためのアイデア

相手が次回表現するときの力になる方法を考えてもらう

　例えば，同じ文法を間違えていることに気がついた場合は，「こことここは，同じ文法の間違いをしているから，ここは直したけどこっちは自分で直してみる？」など，**全て直してしまうのではなく，相手が自分で気がついて直せるようにしてもらいます**。また，日本語母語話者には，「**自分が外国語でレポートを書いたときに，自分の語学力が伸びるようなアドバイスはどんなアドバイスだと思うか**」「**自信を失わずに頑張ろうと思えるアドバイスは？**」と投げかけて方法を考えてもらうのも良いでしょう。そして，**日本語を母語としない学生には**，どのようにアドバイスをしてもらえると嬉しいか話してもらったり，今の活動について「自分が誰かに自分の母語を教えるときのサポート方法の参考にしてください。自分の母語でこのようなやりとりがあったら自分は相手にどのようにサポートしますか」ということを考えてもらったりするのも良いと思います。また，課題ばかりを指

摘して，**現時点でできていることを伝えない人もいます**。「ここがわかりやすい」「この意見，すごく説得力があった」など，ポジティブなことも伝えるように促しましょう。**現在できていることを自覚し，自信を持ってもらうことも，次の表現への力になります**。

相手の言いたいことを探る方法を提示する

　相手の言いたいことを探る方法は，何よりもまず耳を傾けることです。しかし，じっと待っていては相手が話しにくくなります。そこで「ここで**言いたいことがよくわからなかったんだけど，もう少し簡単な言葉でもう一回教えてもらっていいですか？**」とお願いします。このやりとりが難しい場合は，もう一つの方法として言い換えがあります。「**ここは，〜という意味ですか？**」とよりシンプルな表現で聞き直したりすると，相手の言いたいことを段階的に探ることができます。また，この方法は日本人学生同士であっても有効ですし，教員から学生への質問としても有効です。

　また，留学生が意見交換の相手に対して言いたいことを探る場合によく使うフレーズとして，「わかりません，もう一度お願いします」や「あ，すみません。ちょっと意味がわかりません」というものがあります。しかし，この場合，「**言っていること（主張）がわからない**」のか「**言葉の意味がわからない**」のかが相手に通じていないことがあります。ですので，留学生がいるクラスでは，「ちょっと意味がわかりません，というと，言葉の意味がわからないのか，主張がわからないのか，どちらなのかわからない場合があります。例えば，主張がわからないときは，これは賛成ということですか，とか，なぜこの提案をしましたか，などと聞くと良いでしょう。また，言葉の意味がわからないときは，このＡという言葉の意味がわからないのですが，例えばどういうことですかと聞くとわかりやすいです」など，**誤解されない具体的な言い方を案内する**のも良いでしょう。

簡単な言葉で言い換える方法・アドバイスを求める方法を提示する

　ここでよく伝え忘れてしまうのが，アドバイスを求める方法です。特に，**日本語を母語とする学生が留学生のサポートをしようと一生懸命になると，相手を「自分のレポートにコメントをくれる人」として見るのを忘れてしまうことがあります**。留学生から有益なアドバイスをもらうためには，相手に自分のレポート内容をわかりやすく伝える必要があります。

　レポートのクラス活動でよくある指示が「お互いに読み合って，気がついたことや改善点を話してください」というものですが，**レポートを読むという行為にかかる時間も人によって違います**。母語話者同士であっても読むスピードは人によって違いますが，非母語話者の場合は読むことへの負荷が母語話者よりもさらに高い場合があります。こ

うした読解にかかる時間を考慮する必要があります。読むのが早い人は2名分のレポートにコメントしてもらい，ゆっくりの人は1名にするなど，グループ内で必ず誰かからコメントをもらえるようにしつつ振り分けを相談してもらっても良いでしょう。

　また，**全体を要約して話す活動を取り入れる**のも良いでしょう（場合によっては一気に話すのではなく，相手の理解を確認しながら区切って進めることも大切です）。こちらも「全体を要約して話してから始めてください」と伝えるだけでは，うまく話せない学生がいるので，**ポイントとなる表現や例を提示して行うとスムーズに進みます**（下記スライド例参照）。日常的にあまり聞かない話題であれば，例を出しながら説明する必要もあるでしょう。要約して話してから始めるとレポートを読む前に大意を掴めますし，読解にかかる時間も短縮できます。お互いにレポートを見せているときも「**私は，ここでは〜と言いたいんだけど，どう思いますか**」など，**簡単な言葉で言い換えながら伝え，アドバイスを求める方法も紹介する**と良いでしょう。留学生同士だと，日本語表現の訂正に集中してしまうところがあるので，意識的に「日本語表現の訂正ではなく，今回は内容についてお互いにチェックしましょう」などと伝えてこのような表現を提示することも大切です。

　繰り返しになりますが，非母語話者にとってわかりやすいということは，母語話者にとってもわかりやすいのです。要点を伝え合ってから読んでもらう活動は，母語話者同士のクラスでも取り入れています。母語話者が非母語話者を支援するという意識ではなく，**お互いに伝え方を磨きあえる絶好の機会**だと意識して臨めると良いですね。

　教室で行う際は，以下のようなスライドを提示したり，この文言が載っている資料を配布したりしながら進めています。

全体要約スライド例

相互チェック・意見交換 要点を説明してから読んでもらおう！	チェック項目（聴く人）
①**タイトル**：「わたしのレポートタイトルは〜です」 ②**理由**：「このテーマを選んだ理由は〜からです」 ③**背景**：「背景では，〜に関する資料を調べました。その結果，〜ということがわかりました」 ④**目的**：「このデータを見て，なぜ…だろうと思ったので，これから〜ためにも，〜について調べることにしました」 ⑤**深掘**：「わかったことは，一点目は，〜です。＋（要約）二点目は〜，です。＋（要約）」 ⑥**解釈**：「この2つの資料から，〜ということがわかります」 ⑦**提案**：「調査から具体的な提案を2つ考えました。1つめは…〜すれば，もっと〜できるのではないかと思いました。」	内容チェック ★相手の主張がはっきりわかったか。 　何のために調べたの？ 　その問題に対してどう思っているの？ 　何をすべきだと思っているの？ ★自分が知らないことを調べていたか ★提案は具体的だったか 　国まかせではなく、自分たちの身近な提案 　もできているか 体裁チェック（デザイン・分量・参考文献）

聴く側に特に気をつけてほしいポイントなどがあれば，併せて提示すると，どこに気をつけながら聞けばよいか意識してからコメント活動に臨めます。

お悩み④ 「学生同士でコメント・評価をしても意味がない」と言われる

■考えられる原因

- ・気がつく＝内省力の育成につながることに気がついていない
- ・教員の意見が絶対だと思っており，クラスメートの多様なアイデアや意見を聞くことの価値が実感できない

具体事例

　クラスメート同士のコメント活動が嫌いだというＡさん。理由を聞いてみると，「だって，クラスメートが自分のレポートにコメントしたとしても，先生の指導と違ったらどうせ点数取れないし意味がないでしょ」と言います。Ａさんは，おそらく「自分の発言だって，先生と同じじゃないと相手にとって意味がない」と考えているでしょう。

■ステップアップのためのアイデア

> ダミーレポートへのコメント活動を行い，気づく力・コメントする力を自覚してもらう

　いきなり他者へのコメント活動を行うことが難しい場合は，**ダミーレポートを使ってコメント活動**を行ってみます。教員は，クラスの誰のものでもないダミーレポートを配布します（できれば形式・内容ともにツッコミやすい改善箇所があるもの。よくつまずくポイントが含まれたもの）。読む時間には，人によって差があるのでダミーレポートはあらかじめ配布して宿題で読んできてもらっても良いでしょう。全員が課題として読んでくる必要はなくても，読解について不安を感じる学生は，あらかじめ配布され，読む時間を十分に与えられるとホッとします。

　このダミーレポートコメントでは，よかった点と改善点をどちらも挙げさせます。そして，そのコメントについてグループで共有します。グループ内で共有されたよかった点，改善点はクラス全体でもいくつか共有します。その際に，「観点」と「伝え方」に注目しましょう。まずは多様な観点があることを整理します。おそらく全ての観点に言及できる人はなかなかいないのではと思います。そして，**色々な人のレポートを見て考えながらコメントすることは，** こうした**多様な観点で見る目を養う**ことだと伝えます。

　このように，グループで話し合ったことをクラス全体で共有するという進め方だと，グループ内で発言について承認をしてもらったという感覚を得られ，また全体に共有する際

には個人ではなくグループとしての意見としても捉えられるので，クラス全体に自分の意見を共有することの心理的なハードルが低くなります。実践では，違うグループの違う視点を，自分達のグループで「なるほど」と言い合ったりしてメモに書き込んだりしているグループもあります。「なるほど」と思った気持ちも共有できる点が良いですね。

　また，伝え方の面では，「もらって嬉しいコメント」「ためになるコメント」を選んでもらい，その理由を共有します。そのときに伝え方に注目し，たとえ同じようなことを指摘していても，伝え方によって印象が違うことも意識させましょう。伝え方も急にうまくなるわけではありません。レポートを見る目だけでなく，伝え方のバリエーションを増やす機会であることも伝え「コメントの達人！」を目指します。

多様な観点からの指摘＝学びの豊かさであることを伝える

　これから先，レポートに限らず，書いた文章をさまざまな人に届ける機会はあるでしょう。その場合，読み手は一人ではありません。自分が本当に言いたいことを相手に届けるためには，「読み手によって注目するポイントや受け取り方が違うことがある」ということを学生たちが学ぶことが大切です。

　学生が「教員からのコメントでなければ意味がない」と考えてしまうと，自分の文章の解釈を一人の人間（評価をする人間）に委ねてしまうことになります。**多様な人からコメントをもらうことは「このような点に注目する人もいるのか」「このレポートからそのように考える人もいるのか」という，多様な読み手の存在と読み取り方について知り，学ぶことにつながります。**その上で，より多くの人に自分の言いたいことをわかってもらうためには……と，推敲することが大切です。

　教員自身も，例えばダミーコメント活動や実際のコメント活動で，自分が指摘できなかった点をクラス内で指摘したり認めたりできている場面に遭遇したら「そこは気づかなかった」「良い視点だね」など，クラス全体に伝えるのも良いでしょう。**「先生も気がつかない点がある」と思ってもらうことも大切**です。

　また，細やかな形式のチェックが得意な学生もいます。その際も「丁寧に見てもらって，形式も良くなったね！」とコメントすることで，それが内容の指摘であれ形式の指摘であれ，クラスメートからコメントしてもらうことに対してポジティブな感情を持ってもらえる可能性が高くなります。教員だけの目ではなく複数の目で推敲することで良くなると学生が感じられるような声かけをして，どんどんお互いに磨きあってもらいましょう。

とはいえ……先生からのフィードバックはとても重要！

　私たちの授業は全学科目ということもあり，学期終了時に匿名でオリジナルアンケートを行います。その際に任意で自由記述欄に回答できるのですが，そこに寄せられる声として以下のようなものがあります。

　　・普段，レポートは提出するだけで訂正されて戻ってくることはないのでとても貴重な授業でした。また，**授業を通してレポートを書き始める前の準備とアウトラインが重要だとわかりました。**

　まず，上記の感想からは，**レポートは「出して終わり」である授業が多く，成績がついても学生は自身のレポートの良し悪しをその内容から質的に判断できていない可能性**があることがわかります。田中編（2010：58）では，「評価はフィードバック情報を得るために行われるものであると言われます。これは，裏を返せば，フィードバック情報が得られないようなものは評価としてあまり意味がないということです」とあります。
　これはレポートを書くための授業であって，他の授業はそうでないから返さないのは当然ではないか，と感じる方もいるかもしれません。しかし，そのレポートが理解度を確認するためのレポートであっても，学生が自身の理解度やその講義を受けて考えたことや調べたことについてどの点が良かったのか，あるいはもう少しだったのかを振り返る機会がない＝本人が認識できないのはもったいないと感じます。先生から「この意見が良かった」「その発想はなかった」「まとめ方が的確」「良い資料を探せている」「ここをもっとこうするとよくなる」「ここが足りない」など，数字やアルファベットによる成績だけではなく，**具体的なフィードバックをもらうだけでその専門分野により興味を持ったり，自信を持ったり，次の行動が見えてきたりする学生が増えるのではないか**と思います。全ての授業での実現は難しくても，少しずつフィードバックできる機会や時間が増えると良いですね。
　さらに，以下のようなコメントも毎年見られます。これは，著者担当クラスに寄せられた特定のコメントではなく，全てのクラスを対象としたアンケートの集約コメントですので，担当した教員それぞれへの感謝の言葉としてお読みください。

　　・アウトラインに一人一人丁寧にコメントを付けて下さったのは，とてもありがたかったです。そして一人であれだけの人数のレポートを見るのはとても大変だったことと思います。引用について丁寧に教えて下さったのも良かったです。
　　・先生がとても熱心だったので，私も影響されて意識を高くもって課題やレポート

に臨むことができました。毎週課題に追われて大変でしたがなんだかんだ楽しかったです，ありがとうございました。

・もともとリテラシーは大変という噂を聞いていたけどちゃんと基礎的なことから順を追って進められるようになっていて，先生もひとりひとり細かくコメントを下さってとても励みになりました。

　これを見ると，**教員が一人ひとりのテーマやレポートにフィードバックをすること自体が，学生が「大変でもやろう」と思う気持ちにつながっている**ことがわかります。学生の成長のために何をどのように評価するかももちろん大切ですが，「あなたの成長を見ているよ」「応援しているよ」という気持ちをフィードバックや声かけを通して伝えることも大切ではないかと感じます。

調査・研究紹介コラム ③
受講時期と学びの活用率は関係がある？（2/2）

　コラム②で紹介したアンケートで「学期中に出た他クラスのレポートを書く際，この授業で学んだことを使用しましたか。使用した全ての項目を選んでください」という設問を設けました。選択肢は「構成を決めてから書いた」「話し言葉と書き言葉に注意して書いた」「日本語リテラシーの見本レポートにある表現を用いた」「資料の探し方を参考にした」「資料を引用する際の引用表現を用いた」「学んだことは特に使わなかった」の６項目です。その結果は以下のようになりました。

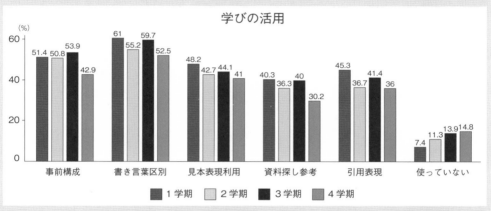

（参考）武蔵野大学「日本語リテラシー」2018 年度 授業アンケート（匿名・任意）より。
回答者数（１学期 461 名，２学期 433 名，３学期 295 名，４学期 480 名）

　全ての学期で８割以上の学生が，授業で学んだことを他のレポートでも活用しています。一方で，学んだことを使っていないと回答した学生は，学期を追うごとに割合が高くなっています。「自己流でなんとかなった。単位がもらえたからそのままで良い」のか，「他の授業で教えてもらう機会があった」のか，「本授業で扱ったスキルを使うような課題が当該学期になかった（本科目で教えるスキルと他の授業で求められるスキルがずれている）」のかについて把握するには，さらなる調査が必要です。

　また，学科によっては「講義形式の授業が多いので，同じ学部の人と初めてこんなにやり取りをした。コメントの仕方など，他者と話し合うワークの方法はこの授業で学んだ」という学生もいました。このコメントからは，学生によっては，レポートのスキル以外の学びも活用されているのだなと気づかされました。

　いずれにしても，レポート・ライティングを学ぶ授業は，その授業に閉じたものではなく，授業の外（他の授業やその後の社会生活）でより良く学ぶためのものなので，教えたことの活用を見据えてカリキュラムや授業内容を改善していきたいと思います。

　そのためには，学生の声を聞いたり，他の授業とのつながりを考えるための教員同士の交流・検討機会が重要になるでしょう。

第6章

「評価」の困った！
「よくある間違い」を捕まえて，擦り合わせる

同じようなレポートを出した学生が，あちらのクラスではA評価，でも，こちらのクラスではC評価……それでは困ります。一人で担当している授業でも，複数人で担当している授業でも，「先生，なんでAじゃなくてBなんですか」という質問には回答する必要があります。

教員としては，学生には，評価を示すアルファベットをただ受け取るだけではなく，何がどこまでできたのかを自分自身でも判断できてほしい，考えてほしい気持ちがあります。

一方で，学生からの質問に対し「うーん，ちょっと説得力が足りないんだよね」「もう少しわかりやすく書けると良いよね」などという抽象的な回答ではなく，学生がステップアップできるように要素を切り分けて具体的なフィードバックができるか，ということを自問する必要もあるでしょう。有用度実感を見ても，学生はルーブリックによる評価だけではなく，具体的なコメントも求める傾向にあることが窺えます。

ポイントは，**教員にとっても学生にとってもわかりやすい評価**と，**指摘＆応援コメント**です。

学生の有用度実感
評価にはお困り度に該当する項目がないので，授業の最後の行ったアンケートの「有用度」を紹介します。
・教師からのコメント（とても役立つ＋やや役立つ）は，90.7%
・ルーブリック（とても役立つ＋やや役立つ）は，88.1%

お悩み① 「じゃ，どう直せばいいんですか」と言われる

■考えられる原因

> 教員の指示に従えば良いと思っており，より良くする過程で力がつくという認識がない

具体事例

　返却されたレポートを持ってきて「先生，どうすればいいですか」とオープンクエスチョンで聞いてくるケースです。あるいは，「これだけ直せばそれでいいですか」と聞かれることも。そして教員の指示通りに直してくるだけ……。これでは誰のレポートかわかりませんし，「試行錯誤しながら伝える力」が身につきません。

■ステップアップのためのアイデア

> 見本に戻り，基本構成と表現を自分でチェックする機会を作る

　見本に戻って構成と表現をチェックするよう指示します。次のステップでも述べますが，**見本に戻ってチェックすることが訂正機会として機能するには，見本と評価表が対応していることが大切です**。「このようなレポートがこの程度書けていれば，〜点ぐらい取れる」ということがわかるような評価表（評価方法）が必要です。それは，**教員にとってわかりやすいものであるだけでなく，学生にとってもわかりやすいものであることが大切です**。評価は，教員が学生をランクづけするためのものではなく，今のパフォーマンスをより良くするためには何が必要かを相互に明らかにするためのものです。そのためには，「良いパフォーマンスとはどのようなものか」について，教員と学生が共通の認識を持っておく必要があります。「どうすれば良いですか」という質問は，「良いパフォーマンス（見本）」と「自分のパフォーマンス」を比べて自分のパフォーマンスには何が足りないのかについて考えられていないことの現れです。クラス全体でも良いので，評価表を返却した後に，見本レポート（☞ v–vii 頁）と自分のレポートを見比べる機会を与えます。段落ごとに区切って，よくあるつまずきポイントを解説するのも良いでしょう。その作業に入る前に，**「言われて直すのではなく，自分で気がついて，考えて訂正する能力を今から伸ばしましょう。この能力があると，これからレポートを書くたびに書く力がどんどんつきます。自分で気がつくためのヒントになるよう，ポイントを今から解説します」**と伝えてください。「直せば良い，のではなく，自分で考えて直す力を身につけることが大切である」という認識を持てるようにします。

> 「質問」で学生がつまずいている点について確認しつつ，自分で考える必要性を認識させる

　まず，このレポートのテーマは「学生自身が選んだものである」というところが重要です。**何を伝えたいか，どう考えているか，教員が解答を持っているわけではありません**。ついつい，「教員は完璧な答えを知っていなければならない」と思いがちですが，研究者同士の査読等も，（同じような分野の人が携わってはいますが）書かれた論文テーマについて細部まで知っている人が行うわけではありません。

　ここでは，論理性や妥当性を判断するために文章の流れに目を向け，読んで不明な点は学生に聞いて，学生に説明してもらいましょう。「これはあなたが選んだテーマで，あなたのなかに言いたいことがあるはずです。こちらが全てわかるわけではないから，あなたの考えについて聞かせてほしい」と，思い切って学生に伝えてしまうのも一案です。「なぜこのテーマを選んだんだっけ」「この資料についてどう考えたの？」など，聞いていくと，レポートに書かれていないこと（レポートでは説明が足りない部分）について話す学生がいます。「今話したこと，どこかに書いてある？　見本レポートだとどこに同じような内容があるかもう一度探してみてね。自分のレポートと見本レポートを見比べながら，自分で違いに気がつく能力もこの授業でつけていこう」と伝えます。「読み手に伝わるように自分で工夫すればするほど良くなるから，3箇所ぐらい考えて直してまた見せて」など，**言ったことしか直さない学生には個数を指定して考えさせても良いかもしれません**。20個ぐらいコメントをつけたい学生もいるかもしれませんが，まずは焦らず，一つずつ……。あまりに多いと学生が途方に暮れてしまいます。優先度の高い項目を3〜5箇所程度に絞って指摘することで，学生もそこに焦点を当てて訂正できます。

　また，リライトされたレポートを受けとる際には「自分なりに工夫して直したところはどこか教えてください」と，直したところとそのポイントを学生に尋ねるとよいでしょう。「自分で考えて」という声かけだけでは，「突き放された」と感じる学生も時々います。そのような学生には，**自分で考えて直したところについて「教えて・聞かせて」までを伝えることが大切**かもしれません。私たちの実践では，リライトして提出させる場合は，リライトした箇所にハイライトをするように指示するときもあります。教員からも学生からもリライトしたところ（改善しようと努めたところ）が分量とともにパッとわかります。改善しようと自分なりに努めた原稿には，思わずこちらもボーナスポイントをあげたくなります。

　たとえ小さな訂正点であっても，**学生自身が自分でより良くした点については褒め，力がついていることも伝えます**。自分で考え，工夫した点や改善した点を評価されることで，「自分で探して／考えて，書き直してみてよかった！」という成功体験がつき，自分で粘り強く文章に向き合う姿勢につながります。

お悩み② 実態としては差があるのに，評価に差がつかない

■考えられる原因

> つまずきポイントや「できていないこと」が評価方法に反映できていない

具体事例

　学生を比較すると確かに出来は違うけれど，いざルーブリックに基づいて評価してみるとあまり差がつかない。結局ふんわりとしたあいまいな評価になってしまうケースです。

■ステップアップのためのアイデア

> 授業で身につけてほしいスキルが詰まった見本レポートを教員自身が作成し，それに沿って評価表を磨く

　評価表が効果的に機能するか否かは，到達点の明確さに左右されます。本書では，私たちの実践に関する見本とそれに沿った評価表を掲載していますが，本書を読んでくださっている先生方にはそれぞれに「身につけさせたいスキル」や「書かせたいレポートの形」がおありかと思います。分野によっても，また学年によっても身につけさせたいスキルや書かせたいレポートの形は異なります。レポートだけでなく，アカデミック・プレゼンテーションなどの成果物についても，**その授業での到達点，「最終的にどのような成果物を完成させてほしいか」を示す成果物見本を必ず教員自身が作るようにしています**。見本のような成果物を学生が完成させるにあたり，どのようなステップが必要か，カリキュラムの中で何コマに振り分け，そのコマの重要なポイントは何か，どのようなスケジュールで進めれば良いかをその後に考えていきます。その際に切り分けたステップやポイントは，評価表の記述に反映させるべきポイントになります。**評価表は，それ単体で作成するのではなく，見本レポートと対応させることが大切**です。そのうえで，教員からの評価やフィードバックをどこに取り入れるかを決めていきます。私たちの実践では，アウトラインと第二稿に教員からの評価・フィードバックを行い，最終稿でも評価をしています。第一稿は，クラス全体でポイントを確認し，学習者同士，あるいは学生自身にピア／自己評価をさせています。その後書かれた第二稿は教員が評価し，最終稿は，第一稿・第二稿のフィードバックからどれぐらい良くなったかリライト状況を見ながら最終的な到達度を評価します。

　その際に，「実態として差がある」という状況について，どのような差があるのか（何

がどの程度できているのか，いないのか）は，学生のアウトプットのバリエーションが蓄積されて初めて明らかになってきます。つまり，レポート指導の実践を始めたばかりのときは，まだ見ぬアウトプットが多く，教員自身も学生のつまずきポイントを十分に把握できていないので，評価も曖昧でうまくいかないことがあります。これは仕方がないことで，教員自身が学生のアウトプットに教えられながら，指導ポイントも評価ポイントも明確化させていく必要があります。そのためには，**学期が終わった後に，学生の成果物をよくできていると感じたもの，もう一歩だと感じたもの，できていないと感じたものに振り分け，そのように感じた原因として「具体的にどこができていないから／どのような表現が入っていないから，そのように振り分けたのか」を言語化する時間を**とります。その言語化作業が，より良い評価表を作り上げるための財産になります。

　教員自身が見本を作ることの最大の意義・価値は，見本を作るときに，課題レポート作成時の難しさや苦労を教員自身が体験することです。テーマを決めること一つとっても，すぐによいアイデアが浮かんでくるものではありません。学生も同じです。「自身の体験を振り返りながら，自分ごととして捉えられるテーマを決めてください」と指示をするのは簡単ですが，いざ自分が取り組んでみると非常に時間がかかります。資料検索も一筋縄ではいきません。このようなことを同じ課題で実際に経験しておくと，学生に対して「なぜできないの」と困惑するのではなく，「そこ，大変だよね。私はこんなふうに工夫したけど，この学生はどうかな。それがうまくいくかな。別の方法がいいかな」と，**学生のつまずきや悩みを少し先取りした状態で指導できます。**

成果物と評価表を分析し，「できていないこと」の記述を明確にする

　私たちの実践では，複数クラスで共通のルーブリックを使っているのですが，「ややできていない学生と，全くできていない学生の点数差があまりつかない」と複数の先生から声が上がりました。ここで注意したいのが，評価とは，学生をランクづけするためのものではないということです。「差をつけること」が目的化しないように常に意識する必要があります。**評価の目的は，「現時点より，より良くするにはどうすればよいか」を評価から知ることです。**つまり，到達目標を山の頂上だとすると，今自分はどの時点（何合目）にいるのかを明らかにするものです。

　「実態は異なるのに，評価では差がつかない」という先生方からの声は，**学生自身も現時点での自分のパフォーマンスを把握しづらいことを意味します。**そこで，私たちは評価表に追加すべき項目を検討するために，もう一度「差がつかない」といういくつかのレポートと評価記述を見直しました。その際に，**「書かれているべきものが書かれていないときに評価する箇所がない」**ということがありました。例えば，参考文献の書き方という項目について，ルールを完全に無視した書き方である場合，当然点数は低くなり

ます。しかし，そもそも参考文献が全く書かれていない場合はどうでしょうか。参考文献を書くという行為すらしていない場合，その程度を評価することはできません。よって，「参考文献が書かれていない＝点数なし」という段階を新たに設けました。

　実践開始当初は見本レポートから評価表を組み立てたので，全ての項目において，程度の差はあっても「書かれていること」が前提の評価表になっていました。構成を完全に無視する学生や，参考文献などの必要な項目をごっそり書かない学生がいることを想定していなかったのです。初年次ですので，完璧なレポートが書けるようになることを目標とはしていないため，評価を厳しくすることを目的とした改変ではありません。「書かれていない」というのは，**最低限あるべきものがない自身の現状に学生自身が気がつけていない**ということです。よって，そのような学生が**はっきりと自身の現状を確認できるようにするための改善です。**

　第3章でも述べましたが，何ができるようになると良いかという，より良いレポート像は学生からは見えづらいものです。**自分が書いたもの・評価表・見本レポートの三点セットを見比べて具体的に「どこが違うか」「何が足りないか」を探せる仕組みが大切**です。例えば，できていないことについては詳述化もしています。第3章のお悩み③（☞27頁）で紹介した，「考察」の最後の提案が壮大になってしまう問題について，ルーブリックでは以下のように記載されています。

7	第七段落	考察	レポートの目的および背景・本論1・本論2で書かれたことをふまえて，具体的な提案や意見が述べられているか。		
			a. 素晴らしい（3）	b. まあまあ（2）	c. 発展途上（1）	d. 点数なし（0）
評価ポイント			□考察が，背景のまとめで提示された目的と一致している。また，本論1・本論2で述べたことを反映して，より詳細・具体的な意見や実現が見込める提案が提示されているため，全体を通して一貫性が感じられる。	考察は書かれているが，以下の点においてやや不十分である。 □レポートの目的と考察がズレている。 □本論1・本論2で述べられた内容が一部しか反映されていない □**提案が一般的に既に知られている内容で，本レポートで調べなくても述べられるような内容になっている。具体性に欠ける（やや足りない）**	考察は書かれているが，以下の点において非常に不十分である。 □提案や意見がレポートの目的と合っていない・大きくずれている □本論1・本論2で述べられた内容が全く反映されていない （一箇所でもチェックがあればこちら）	□考察が書かれていない

　この「まあまあ」のところの最後のチェック項目（太字部分）ですが，実際にレポート指導を行ってみると，資料を調べなくてもなんとなく言えてしまうスケールの大きすぎる提案があまりに続出したので新たに設けられました。このような追加項目は，学期の終わりに行われる教員のFD（ファカルティ・ディベロップメント）での意見・情報交換によって生まれることもあります。

　一方で，気をつけたいのは，学生の学ぶ意欲への配慮です。「できていないところ」に学生が気がつくこと，これは成長の証です。低い点がついたとしても，それは伸び代があるということ。「今」を捉えた後に「これから」を考えることが何より大切です。この**授業の役割は，初めからうまく書かせることではなく，安心してつまずける機会・改善機会を提供すること**です。学生が「できなかった。もうだめだ。やっぱり自分はできないんだ」と思わないように，「つまずいたところは直せば良い。つまずくこと自体は悪いことではない」と繰り返し伝えるようにしています。

お悩み③ 評価をもとに学生が自分で直せない

■考えられる原因

> アドバイスや評価表のチェック項目がどこを指しているのかわからない

具体事例

　「先生，この評価表のここなんですけど，どこのことですか」と言われるケースです。例えば，評価表の「一貫性」に関する項目で「もう少し」だと判断されたとして，学生には，全体のどの記述で一貫性がないと判断されたのかがよくわからないケースです。この場合，ルーブリックのチェックのみでは解決しないこともあります。

■ステップアップのためのアイデア

評価表と段落を一致させる

　私たちの実践では，初めは評価表と段落を対応させていませんでした。しかし，このような「先生，これってどこのことですか」という質問に回答する際に，「ほら，この段落の……」と，段落を指示して説明することが一定数あることに気がつきました。現在の大型クラス実践で使用している評価表は，段落ごとに判断している項目については段落が記載されています。もちろん，全ての評価項目を段落と対応させられるわけではありません。例えば，話し言葉・書き言葉の区別といった項目はレポート全体に関わり，段落をまたいで評価する必要があります。しかし，「背景が資料をもとに説明されている」「背景資料から課題と主張が導き出されている」「このレポートで何を論じるか明確にしている」などのポイントは，レポート前半の段落に書かれることが決まっていることも多いでしょう。そのようなポイントを見本レポートに組み込む場合は，**それが何段落目に書かれているかを評価表にも反映することで，学生はレポート全体から見るべき箇所を絞って自分でチェックすることができます。**

　実際に使用しているルーブリックの記述を紹介します。次頁に，第三段落の「背景整理」の項目を掲載します。

　「考察」の項目（☞ 74 頁）でも紹介したように，実践を始めた当初からこのような評価表があったわけではなく，実践を重ねながら記述と評価ルール（発展途上の項目は一つでも当てはまったら c とするなど）が決まっていきました。これはあくまで約 2,000 名が受講する初年次教育で使用しているものです。複数の教員が関わるため，教員間によ

4	第三段落	背景整理	議論をするうえで必要な情報（数値等）を整理し，より深く調べるべき課題を特定できているか			
			a. 素晴らしい (3)	b. まあまあ (2)	c. 発展途上 (1)	d. 点数なし (0)
	評価ポイント		□議論をするうえで必要な情報（数値・データなど）を調べられており，その情報からさらに課題を深く考え，レポートの目的とともに本論（一点目・二点目）につなげている	□背景説明に資料が使われているが，更に良い資料を探す必要がある □背景の最後の論点提示で「何のために」「何について」のうち，どちらか一方しか書かれていない □背景の最後に論点が提示されているが，背景から導き出された課題あるいは論点がわかりづらいなど，やや飛躍している	□議論をする上で必要な情報（数値・データなど）を調べられていない □背景説明に資料が使われていない □背景資料から更なる課題が特定できていない □本論に行く前に論点が提示されていない （一箇所でもチェックがあればこちら）	□背景説明が書かれていない
	改善アクション！		【ポイント】数値・データなどが含まれた資料を調べましょう。情報の羅列で終わらず，現状をあなたはどのように捉えているか（何が問題で更に何を調べるべきか）が書かれているか確認しましょう。「何のために調べるか」を明確にしましょう。 【重要表現1】～によると，～という。同調査によると…という／ている。 〈資料引用：pp. 97-103, p. 79 *〉 【重要表現2】現状を見る限りでは，～とは言い難い／これらの資料を見ると，～ことがわかる。〈課題の特定：p. 79, p. 123〉 【重要表現3】～ためには，～必要があるだろう。そのためにも，～点を二つに分けて考えたい／そのためにも，～について考えたい。 〈課題解決のための論点提示：p. 79, p. 124〉			

*表中の頁数参照箇所は宇野・藤浦（2016）による

る評価差を極力少なくすることも求められます。よって，ミスの多寡などについて，基準となる数を決めています。数の基準があることにより，教員の評価にかかる迷いがなくなり評価にかかる時間も少なくなります。クラスサイズが小さい場合にはもう少し簡易なチェック表を使用し，個別対応を増やして対応する場合もあります。

　また，このルーブリックには，他のレポート評価のルーブリックではあまり見られない「改善アクション！」という項目が下にくっついています。評価は，評価して終わりではなく，あくまで**先に進むために「今」の時点の力を知ることを目的とした**ものです。この評価表を受け取って，a～dの点数を知ることが学生にとってゴールではありません。この「改善アクション」は，「今」から次に進むためには**具体的に何をすれば良いのかを探すためのヒント**です。この授業ではテキストを使用しているため（宇野・藤浦2016），そのポイントに関する関連ページも記載し，学生がリライトするにあたり参照ページをすぐに開けるようにしています。私たち教員は，「テキストにも書いてある，配布資料にも書いてあるのになぜそれを見ないのか」と思いますが，それはこちらが資料を作成している側だからです。何回目の講義の資料やスライドに書いてあるか，学生は覚えていません。たくさんの授業を受講し，大量の資料を受け取っている学生にとって，それぞれの授業課題で自分が参照すべき資料やページを探すことは非常に難しく，時間のかかる作業です。学生のそのような困難について想像力を働かせ，テキスト・資料・スライドを用意するだけではなく，**できるだけ確実かつ短時間にアクセスできるように工夫する**ことも大切です。

　また，学生は，評価表を受け取ったときは，ついつい点数にばかり注目してしまいます。しかし，評価表は「今」を知り，これからよくするためのもの。評価表を渡すタイ

ミングでそれをはっきりと伝えます。そのときに，「改善アクション！」のような記述である必要はありませんが，**改善のために参照できる何かしらの道標をわかりやすく示せると，学生が改善に向けて一歩踏み出してくれるかもしれません。**

同一レポート（ダミー）を一緒に評価する機会を持つ

　「クラス活動」を扱った第5章でも紹介しましたが，「あるあるつまずき例」が含まれたダミーレポートを用意し，それを評価表に基づき評価してみる機会を持ちます。それぞれの評価結果が出たら，どこを見てそのように判断したのかをグループに分かれて話し合わせます。**評価をする側に立つことで，評価表と具体的な記述のどこを見ているのか，参照点を意識させます。**藤浦・宇野（2023）では，学生がダミーレポートを詳述化されたものとされていないものの2種類の評価表（ルーブリック）で評価した際に，詳述化されたバージョンでは，評価のバラツキが軽減されたことを報告しています。一方で，詳述化された評価表は評価に時間もかかり，評価者の負担も大きくなります。よって，全てのクラス運営で詳述化されたものを使ったり，一斉に評価してみる活動を組み込むべき，ということは言えません。**どのような評価表を使用するか，また評価表を用いてどのような活動を行うかは，一クラスあたりの人数や全体のコマ数，学年などによって異なります。大切なのは，それぞれの担当クラスに合わせてどのように設計するか，そのバリエーションを複数持っておくことです。**

　ある程度時間が使えそうな場合の活動例を挙げます。まず，ダミーレポートと評価表を用いて個人で評価する時間を設けます。ここでは詳述化されたルーブリックを用いるのがよいでしょう。その後，グループに分かれ，自分の評価結果と評価理由について話し合う機会を持ちます。そして，グループごとの話し合い結果をクラス内で共有し，教員自身も重視しているポイントについてはそのタイミングで話します。その活動を授業で行った後に，自分のレポートを評価する宿題を課し，評価ポイントの根拠をレポート内に書き込ませ，その書き込みをもとにリライトさせます。課題の負荷が高いと感じる場合は，リライトは授業内で時間を取っても良いでしょう。そして，書き込んだレポートとリライトレポートを併せて提出させるというような活動を行うと，学生がどの視点で自分のレポートを見ているかが教員にも把握できます。**初めから自分で自分のレポートを評価する力が学生全員にあるわけではありません。このような活動を行うことで，クラスメートの「レポートを見る力」を借りて，評価の視点を増やしたうえで，自分のレポートを見ることができます。**

　藤浦・宇野（2023）の調査では，ダミーレポートを評価する活動の後，参加者に感想を聞いています。そのときの声を一部紹介します。

・人のレポートを読む機会も少ないので参考になったし，何より自分のレポートがどれだけひどかったか自覚することができ，これから評価シートを参考にレポート力を上げたいと感じた。参加してよかったです。ありがとうございました。

・友達のレポートを添削をしたことはあるが，他人のレポートを添削したことはなかったので，どこまで厳しく見ていいのかわからず，難しかったです。評価の仕方を教えていただいたので，これからは自分のレポートを同じような視点で添削し，よりよいものにしていきたいなと考えました。

・初めて採点する側の立場になったが，読みづらい文章を採点することは読解に時間がかかり苦労すると感じた。先生方は日々，何百ものレポートを採点していると考えると本当に感謝しなければならないと思った。

・項目で採点をするという方法は簡単に採点ができるので良いと感じました。一方で，具体的に採点したいと思った場合は難しいと感じました。印刷した調査用レポートに書き込みましたが，Google ドキュメントでコメントをつけるといった方法を設けてあると良いように思いました。（このコメントを行うことは任意でも〇）

・たのしかったです

・採点基準があったとしても，細かい点でどのように採点すればよいのか分からなくなるところが多々あった。しかし，採点基準が細かすぎても採点が難しくなると思うので悩ましい問題であると感じた。統一した基準で調査（もしくは採点）を行うのは，なかなか難しいのだと実感した。

・今回調査に参加するにあたり，改めてテキストを読んだり，書き方，評価の基準を確認したことにより，今後の自分のレポート，卒業研究への意識改善にもつながると感じました。なかなか他人のレポートを確認する機会がなく，あったとしても対面では改善点を指摘することは難しいと感じるため，こうした匿名かつしっかりとした根拠に基づいた改善点をもらえることは貴重な経験になると感じました。

・ルーブリックで評価すべき項目がきちんと書かれていたため，それに沿ってやると，レポートの読み方が分かってくるようになるので，今後もこの評価表を使って，他の人のレポートまたは自分のレポートについて評価したいと思いました。

　上記の感想を見ると，学生が評価する側に回ることで，さまざまな気づきがあることがわかります。自分のレポートの出来映え，読みづらいレポート採点にかかる時間（教員の苦労！），採点記述を作ることの難しさ，具体的なコメントの必要性，評価項目の学びによる「読み方」の習得などが挙げられています。また，評価活動自体に「楽しさ」を感じる学生がいることもわかります。お互いの気持ちに気を遣って「厳しさの調整」を考えている学生もいるようですね。教員としては，レポートを見る目を養うために，お互いのレポートにアドバイスする活動を取り入れたいと考えますが，実践で相互チェックを行う場合は，このような学生の気持ちにも配慮する必要がありそうです。第5章でも取り上げていますので是非ご覧ください。

　このように，**採点者になることで，学生自身が多様な視点を取り入れられることがわかります**。紹介したように，これも**学生ごとに掴み取るポイントが異なりますので，採点者になることで感じたことについてもクラス内で出し合って，全体で共有すると良いでしょう**。

　近年では，**学生と共に評価表を作成する取り組み**も見られます。本実践ではありませんが，私たちも書評を書く活動で，「おもしろさ」の観点を学生と擦り合わせながら評価表を作成しました（宇野・藤浦 2015）。それにより，どのような点に気をつけておもしろさを出していくかが明確になり，書く際に意識しながら執筆できていたと思います。

　カリキュラムの都合上，学生とともにゼロから評価表を作成するのは難しい場合も多いと思いますが，このような活動の後で「より記述をわかりやすくするためにはどうすれば良いと思うか」など，**評価表や評価活動のブラッシュアップを学生と二人三脚で行うのも良いかもしれません**。

> ## 質問＆褒めコメントの書き込みで，点数ではなく成長と残された課題に注目してもらう

　第3章でも述べましたが，やはり学生は教員からのフィードバックを欲しています。しかし，ポイントは，「**教員からのフィードバックを求めている＝教員が全ての解答を提示すべき**」ではないことです。例えば，「ここは具体的にどういうこと？」という質問を書き込むことで，**学生が引用した部分の要約の不十分さは指摘できます**。また，引用部分と意見が混ざってしまっている場合もあるので，その場合は該当箇所に線を引き，「自分の意見？引用？」と質問形式で書き込みます。その場合，教員が全ての該当箇所を指摘するのか，あるいは訂正箇所も含めて学生にも探させるのか，一クラスあたりの学生の人数や訂正能力，指導の段階などによって調整するのも良いでしょう。

　評価やフィードバックを行う際に，ルーブリックへのチェックのみですと，実は教員自身も「あれ？ この項目で発展途上にチェックをつけたのはなぜだったかな」となる場合もあるので，**レポートに書き込んだり線を引きながら見ることで，記憶を呼び起こし**

やすくなり，フィードバック後の学生からの評価照会や質問に回答しやすくなります。

　また，できていないところの指摘だけではなく，よく書けている点や改善されている点について具体的な箇所に線を引いて褒めることで，学生が点数ではなく記述に注目しやすくなります。自分が認められることは嬉しいので記述を読みたくなるのですよね。評価表や書き込みレポートを返却する際に，「良い点・良くなった点についても書いてあるので，自分の良い点を確認するためにもしっかり記述を読んでくださいね。改善点についてもよく読んで，さらに成長できるように頑張ろう」と声かけをして，しっかり記述も読むように促してください。特に，プロセスライティングで各段階ごとにコメントをしている場合は，アウトラインや第一稿からの成長を一言添えると，学生も自信を持てるようになるでしょう。

　評価の一番のポイントは，「点数や成績のみに注目させないこと」かもしれません。点数や成績にかかわらず，**自分は今何ができていて，何ができていないか，それを受け止めて自分で考えること，そして自分で考えて改善した結果，自分の成長を感じられること**……。そのような流れを作っていくことが大切です。「まだできていないところはあるけれど，少し上手くなったと思う」「まだできていないところはあるし，大変だったけど，頑張ってよかった」「これからもレポートを書くときに意識して練習していきたい」そんな感覚を引き出すことが評価のゴールかもしれません。

★評価表の公開・配布

　評価表については，学生のアウトプットをもとに試行錯誤してきました。

　本実践で使用した評価表については，編集可能な形で公開・配布いたします。

　編集可能な形で公開・配布するのは，これさえあれば大丈夫という「唯一の評価表」は存在しないと考えているからです。到達点としたい見本レポートや，カリキュラム設計，クラスサイズなどによっても，項目や詳述度は異なるでしょう。それぞれの現場に合わせてご活用いただけると嬉しいです。

第7章

困った！をみんなで力に変える

シェアして，取り入れて，楽しんで

こんなに困っているの，私だけ？
他の先生たちは，このような場合，どうしてる？
スケジュールはどうやって管理してる？
評価に迷うときはないの？
みんなで共有すると，
「うちもあるある！」
「えっ！こんなにちょっとしたことでできるの？」
「なるほどー！」「あ，それならできそう！」
「原因はこれかと思ってたけど違ったかも！」
など，新たな発見や可能性が生まれます。
シェアの力，話し合う力は，すごい。

お悩み① 他の先生はどうしているのか気になる……

■考えられる原因

①他の人も悩んでいるかわからない，人の時間を使わせることに気を遣ってしまう
②教員のつまずきや取り組みの改善方法について知る機会が少ない

具体事例

　学生へのアドバイスがうまくいかない，学生が積極的に話し合ってくれない，クラスの雰囲気があまり良くない，学生が書いてくる形式がバラバラで何度言っても改善されない……など，クラス内で発生する悩みについて「私だけが悩んでいるかもしれない」「他の先生にこんなこと聞いていいのかな」「先生たちも忙しいかも……」と，悩みを抱えてしまうケースです。まずは小さな会話から始めてみてはいかがでしょうか。また，関係者と話す機会を持てる人ばかりではありません。そのような先生方のための「知る機会・考える機会」を増やすこと，まさにこれこそが本書の狙いです。

■ステップアップのためのアイデア

　「〜ときってどうされてますか？」クエスチョンをする

　「少子高齢化をテーマにした学生が，ありきたりな論理展開から進めないんですけど，**そういうときってどうされてますか？**」と，具体的な悩みとともに，他のクラスを担当している先生に対応を聞いてみましょう。そうすると，「あー，うちにもいます！」という意見が返ってくることもあります。**共感してもらえると，**「悩んでいるのは自分だけじゃないんだ」「私のクラスだけじゃないんだ」と**安心できます。**また，「その学生の出身地で調べ直してもらったら特有の課題も見えてきて，自分の地元により興味を持ったみたいです」など，**具体的な方法を聞けることもあります。**学生もさまざまな学生がいます。**万能な唯一のアドバイス方法や支援方法があるわけではありません。**同じ悩みであっても，Aという方法がうまくいく学生もいれば，Bという方法がうまくいく学生もいます。だからこそ，**さまざまな先生から，色々な方法について聞いてみましょう。**「〜ときってどうされてますか？」というフレーズを使えば，**お昼休みや休憩時間に，相手に時間的にも心理的にも負担をかけすぎずに相談できます。**就職を控えた学生にも，「小さな悩みを抱えすぎる前に，一緒に働いている色々な人に少しずつ聞いてみるのも良いかもしれないよ」と同じ方法を薦めています。悩んでいることを相手に知ってもらえたり，

自分が試してみたいと思える方法が見つかったりすると，少し前に進めますね。

困ったことだけではなく，効果を感じた瞬間も共有する

　悩みを共有して前に進むつもりが，なんとなくネガティブなことをダラダラ話して終わってしまった……。時にはそのようなこともあります。しかし，毎回になると困りますね。「このような学生がいて困る」「私はこう指導をしたのに，全然できていない」「いつまで経っても……」と，確かに困ってはいるのですが，それだけを共有していては悩み自体は改善されません。

　そのような状況を脱出するためには，興味深かった学生のテーマや，以前よりもうまくいったこと，学生の反応が良かったことなど，**たとえ悩みに直結していなくても，効果を感じた瞬間やポジティブな側面も共有することを意識する**と良いかもしれません。学生はさまざまなことを考えたり感じたりして，教員の教育実践にさまざまな形で反応してくれます。つまり，**教員が学生に一方的に与えるというものではなく，学生の発想や行動によって教員もさまざまなことに気づかされ，学ばされたり鍛えられたりします**。悩みだけでなくポジティブな情報も交換することで，**教員と学生との相互の関係性・互恵性にも目を向けやすくなり，話し合いや情報共有の方向性が前向きになります**。

お悩み② 「先生，隣のクラスと進め方／評価が違う」と言われる

■考えられる原因

テキストと一般的なシラバス・課題の共有に留まっている

具体事例

　同じ科目を担当する先生同士，代表者がシラバスを執筆し，同じテキストを使っているのに，学生から「A 先生と B 先生は授業でしていることが違います」と言われてしまうパターンです。おそらく先生たちの進め方が少しずつ違い，その違いが学生にとっては「違うもの」として認識されているのでしょう。その違いは，「違っても良い違い」かもしれませんし，「避けた方が良い（クラス間で統一すべき）違い」かもしれません。いずれにしても，学生に対する説明責任も発生します。とはいえ，どこに違いがあるのか，どこを揃えるべきで，どこは揃えなくて良いのか，担当教員の入れ替わりもあるなか，細かい点を教員同士でどのように共有するのか，そこには仕掛けが必要です。

■ステップアップのためのアイデア

授業を育てる Y シラバスで共有，PDCA サイクルを回そう！

　初年次教育に限らず，他の先生方とチームになって同じ科目名の授業を担当することがあると思います。私たちの授業では，テキストと掲示資料（PPT），課題シートを全ての教員で共有して使用していますが，毎年の活動を振り返ったり改善したりするのに役立っているのは，「授業を育てる Y シラバス」です。「授業を育てる Y シラバス」とは，当時，武蔵野大学に在籍していた山辺真理子先生と（この実践とは異なる）留学生用のクラスを一緒に担当したときに，山辺先生がご自身用に作成されていたオリジナル形式の予定表です。この予定表を初めて見たとき，「私たちもそれを見ながら進めたい！」と飛びつきました。そして，この予定表は，大型カリキュラムで取り入れるべきだと感じ，初年次教育での取り組みにも使わせていただくことにしました。ここでは，山辺先生より伝授してもらった予定表を，敬意を込めて「授業を育てる Y シラバス」として詳しく紹介します。

授業を育てる Y シラバス【学生用】

ここでは，3 回までを例として取り上げます（全ての回はオンライン資料に掲載）。

	月日	授業内容	テキスト頁	課題【提出方法・締切日】	評価項目	テキスト頁	この回のための予習 / 復習時間（分）
第1回	4/20	①オリエンテーション：シラバス説明，注意事項など ②テーマに関するブレインストーミングをする ③資料収集の方法を学ぶ ■表現練習 01 文末スタイル	2-5 9-13 86-88 106-107	①資料収集＆整理／資料探索シート1 【オンライン提出 4/26（火）23:00】 ②見本レポート精読＆内容まとめ 【テキストに書き込み，次回授業時チェック】	○	14-15, 44 29	180 分
第2回	4/27	①集めた資料の整理の整理＆意見交換をする ②テーマを絞り込む ③さらに資料を集める（資料収集＆資料整理2） ④見本文を読み，構成を確認する ⑤身につけたいコメントの仕方を学ぶ ⑥定義の書き方を学ぶ	16-18 19-21 18 126-127 22-25	①資料収集＆整理／資料探索シート2 【オンライン提出 4/30（土）13:00】 ②レポートのためのまとめページ 【テキスト記入・次回授業時持参】 ③定義調査・定義執筆 【オンライン提出 4/30（土）13:00】	○ ○	14-15, 18, 44 21 25	180 分
第3回	5/11	①定義文のポイントをチェックする ②自分のレポートの内容をまとめる ③タイトルを決定する ④アウトラインの書き方を学ぶ ⑤アウトラインの執筆を始める ■表現練習 02 縮約・省略，文末表現の注意	26-30 31 32 33-34 35-36 108-109	★アウトライン 【オンライン提出 5/17（火）23:00】 【次回授業時持参】	●	35-36	360 分

Y シラバス【学生用】の特徴は以下の二点です。

特徴 1：その日に行うこと＆課題が一目でわかる！

　Y シラバスには，授業回と日程，授業内容と課題，及びそれに対応する授業の教科書の頁数も参照できるよう具体的に示されています。また，その回の課題と提出方法も書かれています。課題の隣の評価項目の○●は，シラバスの「課題提出 60%」「レポート 30%」といった項目と対応する印です。配点の大きな課題（学生もある程度まとまった時間を作って準備することが求められる課題）には★が付けてあります（第 3 回の「★アウトライン」が該当）。予習・復習の時間はなくても構いませんが，毎回の課題とその課題を行うにあたり参照する頁数などが書かれていると，学生が授業内容を思い出したり，課題を行うにあたり重要なポイントをサッと見直したりするのに役立ちます。また，評価に納得できないときは，学生には成績照会を行う権利があります。そのような場合，学生が自身の課題についてどの課題が何 % なのかだいたいの計算ができるようにしておく必要もあります。課題の数，評価の割合は，学生からも教員からも見えやすくしておくことは，教育に対する教員側の責任です。

特徴 2：学生もスケジュールの見通しがついて安心感を得られる！

　初年次は必修科目が多く，また，高校生のときとは学び方や課題のタイプ・提出方法が異なり，慣れるのにも時間がかかります。新たな人間関係や生活様式への適応にも一生懸命で緊張して疲れていたりします。心配の程度は学生それぞれです。教員が連絡す

るタイミングでは準備をする時間が十分にないと感じ，そうしたことがストレスになる学生もいますし，逆に課題管理ができないことに危機感がなさすぎて教員から見て心配になる学生もいます。このＹシラバスは，どちらの学生にも有効です。前者の学生には，先の見通しがつくことで安心感を与えられます。こうした学生からの問い合わせも減ります。後者の学生には，このシラバスを何度も参照させて特に重要な課題について強調して説明します。個別指導を行う場合は，このシラバスで「これは出ているけれど，これは出ていないよ」と一覧でチェックすることも可能です。テキスト参照頁がついていることで，「何をやればいいのかわからない」「どこを見ればいいのかわからない」という問題も軽減されます。

　学生からの「先生，前の課題のことなんですけど……」という質問にも，一覧の「どの課題？　Ａさんが休んだ日のこと？」と，スケジュールと共に内容と課題について確認できます。

　そして，【学生用】があるということは，【教員用】もあります。教員用は更に細かくなっています。

授業を育てるＹシラバス【教員用】

　教員で共有されるシラバスには学生に配布するシラバスの右側に更に列がついています。
　右側の教員ページのみ拡大したものを掲載します。

評価カテゴリー（配点）	課題のチェック・評価方法	メモ（MUSCAT 上で行うこと，配布資料など）
①課題提出1（2）②点数なし	①資料探索シート1に記入したものを提出すれば2点 ②第2回の授業時間に書き込んで来たかチェック	【学生配布】（1）シラバスPPTの中から特に重要なページを印刷して配布。（2）資料収集好み編／問題編見本を両面印刷して学生に配布。実際の課題用紙はオンライン授業に慣れる意味でも全員に用紙をダウンロードしてもらう。【オンライン授業】Wordバージョンの「好み編／問題編」をアップする（提出もオンライン）パソコンで作成させる。
①課題提出2（5）②点数なし③課題提出3（5）	①上に同じく，資料探索シート2に記入したものを提出すれば5点 ②点数がつかないが，余裕があれば授業時間内に書き込んで来たかチェックする ③はオンライン提出されていたら5点（細かくコメントをつける必要はないが，翌週に全体フィードバック・答え合わせをする）	【学生配布】資料収集好み編／問題編2の見本を学生に配布。実際の課題用紙は学生がダウンロードする。【オンライン授業】Wordバージョンの「好み編／問題編2」をアップする。（提出もオンライン）パソコンで作成させる。
レポート（16）	アウトラインは翌週ではなく2週間後（5回目の授業）に返却する。評価表に点をつけて返却。アウトラインがしっかりしていると第1稿・第2稿も見やすくなること，2週間あることから，アウトラインは直接コメントを教員が記入してもよい。アウトラインは改良版配布予定。	【オンライン授業】アウトラインシートアップロード【学生配布】（1）ファイル名：タイトル決定前の質問集配布するかどうかはオプショナル。してもいいししなくてもいい。ただ，これをすると，自分のテーマの妥当性や何が言いたいかということをある程度明確にすることができる。他のやり方でやってもOK。できるだけ詳細なアウトラインが書けるように，そしてアウトラインの作成後に大幅にテーマ変更するのを避けるために，何か活動は必要。（2）アウトライン提出前のチェックシート：アウトラインの体裁が整っているかどうかをチェックするシート。項目全てに✔がついてから提出する

　「ここまで細かいの？」と驚かれた方もいらっしゃるのではないかと思います。一人で担当する授業の場合は，最左列の「評価カテゴリー（配点）」のみの場合もあります。しかし，私たちの取り組みは，年間約 2,000 名の学生が受講する科目で，10 名以上の先生が横並びで同一科目の担当をしています。毎年，都合で担当できなくなる先生もいますし，新たにチームに加わる先生もいます。しかし，年度ごとに受講する学生からするとそのようなことは関係ありません。学生からしたら，みんなその科目の「先生」です。同一科目名で目標が同じであれば，できるだけ均質な教育内容，公平な評価方法を期待しています。そのような期待を裏切らないためにもみんなで育てる Y シラバスは有効です。

特徴１：その日にすべきこと，必要な準備，評価方法が一目でわかる！

　「課題のチェック・評価方法」「メモ」の欄を，新たにチームに加わることになった初めての先生の気持ちでご覧ください。新学期開始時，多くの先生がバタバタしていて，なかなか初めての先生に細かく説明する時間は取れません。また，初めての場合は誰にどこまで聞いて良いものか，わかりません。この欄を見ることで，すべきこと，必要な準備，評価方法が一目でわかります。学生に配布したシラバスと対応しているので，授業回ごとに細かくわかります。初めての先生もさまざまな心配・緊張を抱えています。見通しがつくことで安心する，というのは学生も先生も同じです。

特徴２：改善につなげられる！思い出すまでの時間もかからない！

　Y シラバスの良いところは，一人で使っていても，複数の先生と使っていても，具体的な改善箇所を特定しやすいところです。学期末に先生たちが集まっても「とにかく，時間がないんですよね」ではなく，シラバスを参照することで，「この回は話し合うのに時間がかかったから，単純な表現練習は前の回に持って行った方が良いのではないか」「クラスごとにばらつきがありそうなので，この項目は柔軟に扱い，どの回で行っても良いことにしてはどうか」など，具体的な改善ポイントが出て議論や検討がしやすくなります。また，新年度に「えーっと，最初は何をするんだったっけ……」と，思い出すまでの時間も短くて済みます。多くの先生は，この科目の授業だけではなく，さまざまなタイプの科目を担当しています。毎年毎年，その科目ごとに準備の段階から思い出すのは大変です。このシラバスがあれば，サッと体が動きます。

特徴３：シラバスを育て，「考えて書くこと」への指導を充実させる！

　このシラバスをご覧になって「こんなの作るの大変……」と思われた方もいらっしゃると思います。はい，大変です。私たちの実践でも初年度のシラバスはもっと記述が簡単で，学生用も教員用もここまで具体的ではありませんでした。年度を重ねていくごと

に，各回ですることが段々と固まっていきました。教員用の「メモ」に関しては，新しくチームに加わった先生方からの質問に回答する形で具体的になっていきました。**このシラバスの最大の特徴は，年度を重ねるごとに関わった教員が育てていく**点です。その回ごとに気になったことをメモし，次の検討につなげます。そして，**このシラバスを育てた先に何があるのか。それは，指導ロボットを作ることではありません**。ここまで細かいと，指導に対する自由度のなさを感じる先生もいるかもしれません。しかし，そうではありません。このシラバスに書かれているのは，「資料収集の方法を学ぶ」といった学習項目や，提出させる課題，その採点方法や提出方法など運営に関するものです。学習内容や運営について思い出す時間やそこにかかる労力を限りなく少なくし，効率化を測ることで，**「考えて書くことについてのサポート」に少しでも時間を割けるようにすることが狙い**です。例えば，テーマがなかなか決まらない，資料の理解について自信がないなど，それぞれの学生のテーマに合わせた悩みへの指導は担当の先生にしかできません。その指導については大学の初年次教育を担う（論文などの執筆経験のある）専門家の先生それぞれに任されています。Y シラバスを使う理由はあくまで，カリキュラムについて毎年改善を重ねることや，新たな先生がチームに加わってもできるだけ先生に負荷をかけずに即戦力として活躍してもらうことです。

　学生にとっても，先生にとっても，わかりやすくやさしい，まさにみんなで育てるシラバスです。

　「やってみよう！」と思われた先生は，まずは現状のシラバスをこの枠の中に当てはめてみるところから始めてみてください。一人でご担当のクラスから試してみるのも良いと思います。課題の出し方や期限，その授業の前に行っている準備などを簡単に書き込んでみてください。作り始めは，一つずつ棚卸しをして整理するのに時間がかかります。学生用のシラバスはまずは大まかに作成したものを配布しておき，教員用のシラバスを1年かけて作ってみてスケジュールが固まってきたら，学生用のシラバスも少しずつ詳しいものにしていくのも良いでしょう。

　シラバスが育ってくると，自身の時間にも気持ちにも余裕が生まれ，改善したり新しいことをしよう！という気持ちが自然と生まれてきます。

　授業が育っていく感覚，その感覚が学生の反応や課題から得られる過程はとても楽しいですよ。

教員同士で「最も大切な目標」を繰り返し共有する

　初年次教育のレポート指導は，教えることがたくさんあります。資料の収集方法，テーマの絞り込み方，書き言葉・話し言葉などの形式指導……。このように指導内容がたくさんありすぎると，ついつい「何がどこまでできているか」「何を教えなければならないか」に注目してしまいます。そのようなときほど，先生ごとに「できる」への基準に差が出やすくなります。私たちの実践で優先したのは，**「学生自身が考えて書くこと」**です。いくら美しく書けていても，どこかからのコピー＆ペーストであっては意味がありません（そもそも剽窃であり不正行為です）。また，この授業を受講した結果「もう二度と考えて書くことなんてしたくない」と思ってしまっては本末転倒です。学生は入学したばかり。レポートの書き方は，これから多くの先生や学生と関わりながら，時には自分で書籍を調べたり良い論文を読んだりして，少しずつ学びを深めていくものです。この授業だけで学びが完結すると思わず，長い目でみることが大切です。

　多くの学生に**「考えて書くことは，実は楽しいことなのかもしれない」「苦手意識を克服できた」**という気持ちをもたせ，この先に待ち構える学びの旅に向けてエールを送ることがこの科目の役目である，ということを教員間で共有しました。学習項目や課題，評価方法の共有も大切なのですが，**カリキュラム全体の雰囲気や，話し合いの方向性を決定づけるのはこうした「最も大切な目標」の共有**かもしれません。

共通のご褒美は学生の成長！ご褒美もみんなで分かち合う

　先述の通り，初年次教育のレポート指導は，指導内容が多すぎるので，ついつい「来週はこれをやらなくちゃ，時間通りに終わるかな」「今学期もなんとか終わった」と，**カリキュラムをこなすことに集中**してしまいます。

　講師会やFDでも話し合わなければならないことは山ほどありますが，課題ばかりではなく，**学生の成長を感じた場面やポジティブな声を共有し，ご褒美もみんなで分かち合いましょう。**このご褒美が，共通の目標・目的を見据えながら，次の改善についてみんなで考えるためのエネルギーにもなる気がしています。

付　録

評価のための FD 事例：「Rubric 実験室！」紹介

　ここでは，評価表を検討するための研修会事例を紹介します。この FD には 15 名ほどの先生が参加し，1 チーム 5 名に分かれてワークショップを行いました。この事例はレポートライティングではなく，プレゼンテーションを評価するためのルーブリック検討事例ですが，ワークショップの手順は広く活用できるものです。できるだけ参加する先生が話しやすく，楽しみながら活動できるよう工夫しましたので参考になれば嬉しいです。

ルーブリック評価に関するワークショップ手順

ワーク1	私の道具箱（アイスブレイク）
ワーク2	大ヒット！万能評価キットを売り込もう！
ワーク3	評価を捕まえろ！
ワーク4	Rubric 実験室へようこそ
ワーク5	2つの道具箱

■ワーク1　私の道具箱（アイスブレイク）

　評価について話し合う前に，教育現場で使っている便利な道具や愛用しているものについての紹介をしながら自己紹介をしました。新型コロナウィルス感染症流行前のワークショップでしたが，オンラインでアンケートやブログを作るツールなども紹介され，今思うとオンラインツールの先取りができるよい機会だったなと感じています。また，文房具ではフリクションのペンやお気に入りのデザインの付箋なども挙げられました。ウェブツールも文房具もそれぞれに気に入っている理由があり，その理由を聞くのも楽しい時間です。

■ワーク2　大ヒット！万能評価キットを売り込もう！

　ワーク2では，「大ヒット！万能評価キットを売り込もう！」という活動をしました。「〔通販サイトで〕思わずポチってしまう〔購入してしまう〕，評価のための商品があるとすればどのような商品だと思いますか」「どのようなキャッチフレーズで販売をしますか」という質問を投げかけ，一人一つ以上のフレーズを考えてグループで共有しました。みなさんなら万能評価キットにどんなキャッチフレーズをつけますか？　せっかくなので一つ考えてみてください。

　ワーク内で作成されたキャッチフレーズを一部紹介しましょう。たくさん出たフレーズを５つに分類してみました。分類結果とキャッチフレーズ例は以下の通りです。

分類	キャッチフレーズ例
評価の妥当性・公平性	教師も学生も納得の評価結果！
わかりやすさ・一覧性	学生の学びがひと目で見える！
評価が生む効果	学生のやる気を引き出す！　学生の成長につながる！
効率化	時短！　バーコードタイプあり！
教員の評価への姿勢	評価するのが楽しくなる！

　こんな謳い文句の宣伝なら，思わず買ってしまいそうですね。ワークシートに書き込まれたキャッチフレーズが共有されるたびに，先生方から頷きと笑いが起こりました。
　この活動の狙いは二つあります。一つ目は，学生にとって良い評価とは何かという理想の評価について考える機会を提供することです。そして，もう一つの狙いは教員の本音を引き出しやすくすることです。いくら良い評価表でも莫大な労力がかかっては，先生方も疲弊してしまいます。
　キャッチフレーズを自由に出してもらった後で，そのキャッチフレーズの裏にある【願望と悩み】について整理しました。すると，謳い文句の裏にある願望と悩みについて「時短！は，教員の労力の大きさですね。短い時間で良い評価ができればいいですよね」「成長につながるようなタイミングの良いフィードバックがしたいけど，なかなかこまめにタイミング良くというのが難しい」「学生からの評価の問い合わせ，回答するのはなかなか大変です」など，先生方が抱える悩みも出てきました。こうした悩みを解決することも現場で機能する評価表を考えるうえで非常に重要です。このワークで提案されたキャッチフレーズからは，バランスの良い評価表を考える観点が見えてきます。

■ワーク３　評価を捕まえろ！

　次のワークでは，学生のプレゼンテーション動画（許可取得済）を見て，評価項目を書き出しました。プレゼンテーション授業自体の到達目標には，「はっきりとした，体系的に展開したプレゼンテーションができる。その際重要な要点や，関連する詳細事項を補足的に強調できる」という記述がなされていました。しかし，こうした Can-do の設定では，その目標に到達するための具体的な技術が明らかではありません。「はっきりとした，体系的に展開したプレゼンテーションができる」とは，どこを見て習得状況を判断するのか。評価基準は改めて言語化する必要があります。学生の成果物（授業でプレゼンテーションをしている動画）を見て，「どこをみて，何ができている／いないと感じたのか」「どうすれば更に良くなると感じたか」などを自由に挙げてもらいました。そ

の後で，項目をグルーピングして，そのグループに名前をつけました。「PPT（スライド資料）」「非言語表現」「論理性」「構成」など，さまざまなグループ（観点）が挙げられました。グルーピング活動では，自分と他の教員との評価観点のズレを知ることで，評価についてさまざまな方向から検討することができるようになります。

■ワーク4　Rubric 実験室へようこそ！

　ワーク3までが前半戦です。ワーク4では，ワーク3までの活動を経て，改めて「ルーブリックとは何か」を理解するためにルーブリックについて説明します。その説明を聞いた後で，実際にワーク3で挙げられた評価項目の一つを選び，実際に記述を作ってもらいました。スティーブンスらによればルーブリックとは，「ある課題について，できるようになってもらいたい特定の事柄を配置するための道具」であり，ある課題をいくつかの構成要素に分け，その要素ごとに評価基準を満たすレベルについて詳細に説明したものとしています（スティーブンスほか 2014）。同書では，評価基準は3–5段階が好まれること，また，段階を増やせば増やすほど段階間の違いをつけることが難しくなることも紹介されています。スティーブンスらの書籍から以上のような説明をルーブリック例とともに説明し，ルーブリックがどのような評価ツールなのかをイメージし，理解してもらいました。そのうえで，今回のワークショップでは，選んだ観点について，まずは3つの段階に分けて記述を作ることを提案しました。

評価項目	すばらしい		まあまあ		がんばろう
論理性	・問いが明確であり，主張に一貫性がある（問いと主張） ・根拠となるデータの信頼性と適切性が高い ・データの解釈に妥当性がある（根拠，論拠）		・問いは明確であるが主張との一貫性に問題がある ・根拠となるデータにある程度の信頼性，適切性が見られる ・データの解釈にある程度の妥当性が見られる		・問いが不明瞭で主張に一貫性がない ・根拠となるデータに信頼性と適切性が見られない ・データの解釈に妥当性がない

　事例として，「論理性」を選んだチームが作成したルーブリックを紹介します。
　「すばらしい」「まあまあ」「がんばろう」という段階の間に空欄を入れたのは，5段階だったらどのような基準になるだろうか。3段階がベストだろうか，4段階が良いだろうかなど，更なる検討材料とするためです。そして，こうして話し合ってできたルーブリックの記述について，参加チーム同士で共有し，「作成するときに難しかった点」「作成して見えてきた点」「記述についての意見やコメント」など，感想・意見を交換しました。

　評価そのものについてだけでなく，評価の作成プロセスについて話し合うという機会
は，多くの先生方にとっては初めてだったようです。具体的な記述をもとに，「評価作
成」について意見交換ができました。パフォーマンス評価の検討プロセスについては松
下（2007）の『パフォーマンス評価──子どもの思考と表現を評価する（日本標準ブッ
クレット No.7）』で，ルーブリック例とともに詳しく紹介されています。小学校 6 年生
の算数のパフォーマンス評価についてですが，実際の採点事例と記述の関係が詳細に書
かれており，思わずウンウン，なるほどと頷きながら読み進められます。約 70 頁の小型
の本でサッと読めますが，教科や科目を超えて「評価そのもののあり方」について深く
考えさせられる大好きな一冊です。

■ワーク5　2つの道具箱

　最後のワークでは，黄色の箱と青色の箱が描かれた紙を配り，黄色の箱の中には「今
回のワークで役に立ったこと・今後役立ちそうなこと」を，青色の箱の中には「引き続
き考えていきたいこと」を書いてもらいました。日々の教育実践において，この 2 種類
の気づきを評価改善のための道具としてもらうためのワークです。以下，それぞれの道
具箱に寄せられた記述です。

道具箱 1：役に立ったこと・役に立ちそうなこと
・評価観点の整理（非言語，言語，視覚的な情報） ・ルーブリックの作成手順（まずは 3 つから） ・教師研修でのルーブリックの扱い方 ・プレゼンの整理方法 ・学生にも理解しやすい評価方法を考えること ・ルーブリックとは何かわかった ・評価項目・観点を作る（段階に分けて記述してみる） ・ルーブリックを文章作成クラスにも活用したい ・学習目的に合わせて学習者が自己評価＋教師評価できるツールであることを学べた
道具箱 2：引き続き考えていきたいこと
・論理性・共感・構成を支える言語表現の整理 ・評価観点の精緻化・細分化 ・ビデオで見た学生のプレゼンを「すばらしい」にするためにはどのような指導をすればよいか ・論理性の項目の中で「データの解釈に妥当性がある」というものは出せたが，具体的に何を評価するか ・一度プレゼンを見て，多くの項目を評価できるのか検討したい ・関連科目との連携 ・共感とは何か（内容なのか・パフォーマンスなのか・全体の印象から来るものなのか）

　これらの声にあるように，今回のワークショップで作成されたルーブリックは，すぐ
に明日の授業で使えるものではありません。このワークショップは，評価について考

え，作成し，実践に活かすための一歩を踏み出すものです。ルーブリックそのものへの理解が深まったという声や，他のクラスでの評価や学生の自己評価にも活用・応用できそうだという声がある一方で，一度プレゼンを見ただけで多くの項目を評価できるのかといった運用についての疑問点も挙げられました。また，ビデオで見た学生のプレゼンを「すばらしい」の評価にするためにはどのような指導をすれば良いか，という声にあるように，ここで考える評価表は「評価して終わり」とするものではありません。学生に改善につなげる機会を与えたり，教員が授業やシラバスなどを振り返って指導方法を改善したりするための評価（形成的評価）です。「引き続き考えていきたいこと」の道具箱の意見には，①何を見て能力を判断すれば良いかは，実は評価者自身も言語化することが難しいこと，②評価を行うことと授業内容・授業実践やクラス運営の方法が密接に関わっていることへの気づきが現れています。

■コミュニケーション機会としてのワークショップの意義

　このワークショップの目標は，教員間の評価基準を統一することではなく，**評価そのものについて考え**，**チームとして評価を機能させるための話し合いの場を作る**ことです。評価そのものについて話し合うことの重要性をスティーブンスほか（2014）は，「翻訳」という言葉で表わしています。これはある言語を別の言語に翻訳することを指すのではなく，たとえ母語であっても教員の考えている評価項目が，学生に正しく理解されているかをきちんと確認するために必要な作業のことを指しています。例として教員が提示する「批評的思考（批判的思考）」を，学生は「何かを否定すること」だと捉えたり，「学術的なディベート」を「口げんかだ」と捉えたりすることなどが挙げられています。この一例は教員と学生間についてですが，教員同士でも評価観点を言語化してみると，見ているところや細かさ，認識について違いがあったりします。そのような教員間の違いにも気がつくことができます。また，「万能な評価表」は存在せず，それぞれの教育現場の取り組みや目標に合わせて作成したり，現場で学生や生徒が行ったパフォーマンスからさらに改良したりする必要があります。そのためにもチームとしてのコミュニケーションが不可欠です。

■FDで行っていること

　FDは一度で終わりではありません。この取り組み以外にも話し合いの機会を定期的に設けていますので，一例を紹介します。

FD トピック例

・チェックしやすい評価項目，しにくい評価項目とは？その理由は？

・学生の声から取り組みを振り返り，改善ポイントを見つけて改善しよう！

・実際に評価表を使って評価してみよう！

・チームで授業事例を紹介し，自分の授業のヒントを得よう！

　これらの FD トピックは，先生たちの雑談の中から生まれることもあります。困っていること，うまくいったこと……じゃあ，そのことについて次回話し合おう，といった具合です。また，こうした FD を行ったときは，FD の様子や話し合ったことがすぐに思い出せるように，次頁のような報告書にまとめて後日共有することもあります（個人情報等，一部削除・変更）。

　現場の先生たちのそれぞれの体験や，学生・生徒の成果物はその現場の貴重な財産です。明日の教育をより良くするために，お互いの日々の実践や学生の取り組みをさらに育てていけると良いなと感じています。

Rubric 実験室報告書

■ワーク1　私の道具箱

仕事でよく使う文房具・ウェブツールなどを紹介しながら自己紹介！

文房具：フリクションのペン　Web ツール：Dropbox, Blogger, Google+（注：2019年サービス提供終了）などが挙げられました

■ワーク2　大ヒット！ 万能評価キットを売り込もう！

もしも大ヒット評価キットがあったなら？謳い文句を考えよう！

★評価するのが楽しくなる♪
★学生の学びがひと目で見える
★教師も学生も納得！の評価結果
★清く　正しく　美しく
★伸びが見えて　励まされる
★リアルタイム　やる気スイッチ
★ビッグデータ使用してます！
★バーコードタイプあり！
★一瞬で結果がわかる
★学生のやる気を引き出す
★学生も納得

謳い文句の裏にある【願望と悩み】とは…？

時短！（教員の労力が大きい…）
タイミングのよいフィードバックがしたい！
公平かつ妥当な評価がしたい！
双方が納得できる評価がしたい！
評価の問い合わせがなくなって欲しい！
内省＆成長につながってほしい！
現在何が足りなくて，次に何をすれば良いか
を提案してくれる評価表が欲しい！
適切なフィードバックがしたい！

■ワーク3　評価を捕まえろ！

プレゼン動画を見て，みんなで評価項目を洗いだそう！

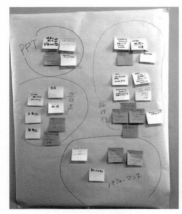
PPT，音声，論理性，パフォーマンス

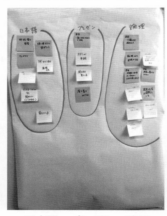
日本語，プレゼン，論理

構造化，表現力，非言語面，言語面（話し方）

■ワーク4　Rubric 実験室へようこそ

ワーク3で挙げられた評価項目から一つ選び，ルーブリックをつくって共有しよう！

構成　　　　共感　　　　論理性

★作成のコツ：まず3段階で各レベルの差を明確にしておいてから5段階へ
　（このワークショップで作成した最終バージョンも参加者に共有）

■ワーク5　2つの道具箱

今回のワークで役に立ったこと・役に立ちそうなこと，引き続き勉強したいことを整理しよう！

役に立ったこと・役に立ちそうなこと

★評価観点の整理（非言語，言語，視覚的な情報）
★ルーブリックの作成手順（3つから5つに）
★教師研修でのルーブリックの扱い方
★ルーブリックの考え方
★プレゼンの整理方法
★学生にも理解しやすい評価方法を考えること
★ルーブリックとは何かわかった
★評価項目・観点をつくる（段階に分けて記述してみる）
★ルーブリックを文章作成クラスなどにも活用したい
★学習目的に合わせて学習者が自己評価＋教師評価できるツールであることを学べた

引き続き考えていきたいこと

★論理性（思考）を支える言語表現の整理
★共感を支える言語表現の整理
★評価観点の精緻化，細分化
★ビデオでみた学生のプレゼンを「すばらしい」にするためにはどのような指導をすればよいか
★論理性の項目の中で「データの解釈に妥当性がある」というものは出せたが，具体的に何を評価するか
★一度プレゼンを見て，多くの項目を評価できるのか検討したい
★関連科目との連携
★共感とは何か（内容なのか・パフォーマンスなのか・全体の印象からくるものなのか）

教員控え室

この部屋は，初年次レポート科目を担当した教員が集う場所です。

同じ科目を担当していても，先生たちの得意なことや価値観はそれぞれ。
だからこそ，おもしろいし，お互いに「へぇー！」と思うこともある。
「やっぱりみんな大切だと思っているんだな！」という発見もある。

この書籍でも，ぜひ多様な先生と語り合う時間を共有したいと思い，さまざまな先生に，初年次のレポート科目の授業を担当して感じたこと（やりがい・辛さ・成長・これからの展望）について聞いてみました。控え室で，よく知った先生とお話しするような感覚でお読みいただきたいので，話し言葉のまま記事にしました。

多様であることをチームの力，個人の力，どちらの力にも変えられる。
そんな現場を目指して。

レポート指導，7つの質問！（A先生編）

1. やっててよかった！と思った瞬間は？

　担当した学生から，外部でのエッセイコンクールなどに通ったよ，とか，授業外での活躍を聞いたときは，嬉しかったりしますね。あと，実際リアルタイムで教えているときに，すごい説得力のあるレポートを読んで，「おお，そうだよ！ 私，説得されたよ！」と思ったときや，ユニークなテーマに出会ったとき，それは嬉しいですね。やっててよかったって。「説得された！」と感じたりおもしろいと感じたりしたときは，学生にもすぐに伝えます。この実践では履修対象者全員にオリジナルアンケートを配布しますけど，そのアンケートって学生の実感が本当に見えるじゃないですか。苦手意識があったけど得意になったとか，嫌いだったのにちょっぴり好きになったとか，学生実感がすぐに見えるあのアンケート結果を見ると「やっててよかった！」と思います。自由記述の中でも，そのようなことを書いてくれる学生がいますよね，数字に表れるだけじゃなくて。「すごい大変だったけど，すごいためになった」みたいなね。うん，そういうのです。

2. つらいな……と思った瞬間は？

　実はつらいと思ったことはあんまりないんです。1クラスの規模や自分の能力とか時間とかを考えたときに，これぐらいまでならなんとかなるかなっていう見通しを立てて担当するとか，もしくは，自分のなかでこの時期は大変になりそうだと思ったら，早め

に出した人の課題からちょっと目を通しておくとか，色々な見通しを立てて対策をしておくことで，つらいという状況を作らないようにしていますね。あと，この授業はスタート段階では80名，90名でしたけど，一から始めるプロジェクトって楽しいじゃないですか。「これから作っていくんだよ」「このやってることがこんな風に意味があるんだよ」とか，「これがこの先改善されてもっと良いものになる」っていう，そういうふうに先に希望を持てるとつらくないんですよね。

　あと，この自由テーマというのが素晴らしくって，「親ガチャ」とか「女子サッカー」とか，あまり自分が触れないテーマを学生がそれぞれ選んでくる。テーマがよく聞くようなものでも少し視点を変えて論じてくる学生もいますね。そのようなことを楽しんでいる自分がいるので，本当につらいと思ったことはないですね。

3. つらいことへの対処法は？

　お話ししたようにつらいと思ったことはないんですけど，やっぱり量っていうのはあるので，1クラス30名ぐらいだとしたら，2クラス持つよりも1クラスの方が余裕を持って楽しめるというのはありますね。あと，つらいということではないのだけど，読んでいて頭が痛くなっちゃう，「あ，これは後にしよう」と思うレポートを読んだときとか，コピー＆ペーストに気がついたときとかですかね。でも，これはつらいというよりは，自分の指導力不足だと思うので，そこがつらいと感じるかなと思います。クラスサイズが10名ならサポートできたかもしれなくて，もう少し易しいなりに積み上げて書くようにできなかったかなとか。コピー＆ペーストも，あれだけ授業でダメだと指導してもしてしまう学生がいるってことは，その学生が無理をしているわけだから，やはり指導力不足かなと感じます。

4. 経験を重ねることで伸びてきたと感じる指導スキルは？

　レポートに特化した指導スキルを挙げるのはちょっと難しいかもしれないですね。レポート指導そのものに，非常に複合的な要素が含まれているので，多分他のことでもそれ言えるよね，という話になるかもしれません。特に長年やって，すぐ伸びる学生やちょっと伸びる学生，伸びるまでに時間がかかる学生など，色々な学生に出会うと，学生が進歩していく過程やつまずくポイントが見えるようになりますね。目の前にいる学生が課題を抱えているときに，たくさんの例を知っていれば割と過去からの事例をもとに判断して対応できる。こういう感じでつまずいているかなとか。あと，タイミングもですね。いつ，どこにどういう風に手をかければ良いかっていうポイントが，頭じゃなくて身をもってわかるようになってきたと思います。このカリキュラムで言うと，構成（アウトライン）のところでじっくりやっておくと後が楽なんですけど，そこで手を抜くと後は指導の効果も上がらないし，手間もかかるな，とか実感できるようになります。

もう少し突っ込んで言うと，構成の一歩手前の資料探しや検討のところでもう少し見ておいてあげると良いな，とかもわかるようになります。時間にも限りがあるなかで細かく全てに対応するのは難しいんですけど，全体像が見えていると，うんと先を目指して一気に教えるのではなく，「この段階ならこのポイントさえ押さえてここを伝えれば大丈夫」と，少し先を目指すために調整できたり今やることの優先順位が見えてきますね。

5．課題として残っていると感じる指導スキルは？

　慣れれば慣れるだけ伸びるんですが，そのことによって気づくこともありますね。学生が色々と迷ったり困ったりして相談してきたときに，アドバイスをするんだけど，それが終わった後に半日ぐらい経ってから「あれ，ひょっとしたら学生が言いたかったのはこういうことだったかな」って，メッセージを間違って受け止めちゃったかもしれないと反省することがあります。正解はわからないのですが，お互いのコミュニケーション，学生の言いたいこととこちらの指導がちゃんと噛み合ってたかなというのは常に課題として残ります。全部手伝えば良いわけでもないので，どこまでするべきだったかなとか。学生のアウトプットを見て伝わっていないと感じたときは，ポイントの絞り方が足りなかったのかなとか，タイミングが悪かったかなとか，迷いはいつもありますね。

6．他の先生との交流を通じて気づいたことは？

　学生への伝え方でどのような例えを出しているかとか，こんなテーマが挙がっていたとか，そのような情報交換をすると自分と他の先生の違いを感じるのでおもしろいですね。新しいツールの使い方を教わったり，普段使っているはずのツールでも知らない機能を知ることができたりするのも良いです。先生の性格や経験年数によって大変だと思うポイントも違うんだなっていうのに気がついたりします。あと，同じ科目を担当している先生と話すと，連帯感があって安心できるみたいなところもあります。コロナで機会も減ってしまいましたが，みんなでワイワイ話しながらするのも楽しかったですね。話しているうちにアイデアも湧いてくるんですよね。

7．これからしてみたいことは？

　もう少し授業回数があれば，テーマを選択したり資料を探したりするところにもう少し時間をかけたいなと思います。協働学習みたいにすれば論理性も高まるし，さらに今後の役に立ちそうです。あと，レポートを書き上げた後に，それをプレゼンテーションに持っていくと，違う形で組み立てることによってレポートの構成について新たに気づきが生まれるのではと思うので，そういう違うことを組み合わせながらやれるといいなと思います。あとは，同じ授業の中でもう一回違うテーマでもう少し時間を短くしてやれば，一回目の改善点が活かせるかなと思うんですが，ただ，これはカリキュラムの都

合もあるので他の授業と組み合わせたりして行うことも可能かと思います。

　　A 先生，ありがとうございました！

レポート指導，7つの質問！（B 先生編）

1．やっててよかった！と思った瞬間は？

　最終回の振り返りコメントで，嬉しいコメントが色々あります。その中で今までで一番嬉しかったのが，「この授業でレポート書くのが楽しかった」っていうコメントです。「楽しかった」っていうコメント，すごくシンプルで，少し子どもっぽさもあるかもしれないんですが，それが大学教育の本質かもしれないと感じました。苦しいなかでも知的好奇心を満たしていって，そこで結果的に「あー楽しかった」っていう気持ちを持つということを初年次教育で体験させてあげられるっていうのが，このクラスの存在意義かなと感じます。他にも，コメントに「達成感」っていう言葉がよく出てくるんです。この実践では，段階を踏んで学期末に一本大きなレポートが完成するっていう，お互いにとって成果がわかりやすいですよね。「2,500 字なんて自分には難しいと思っていたけど，1つ完成させられて達成感を感じました」というコメントをしてくれる学生が，必ずしも高い評価をとっているわけでもないんです。高い評価を取れたかよりも，自分の中から出てくる満足感を感じて自信がついたっていうところが嬉しいですね。ちょっとでも知りたいことを調べて，形にして，自分なりに満足できる，そういう場を提供できているっていうのが感動的だなと思います。

2．つらいな……と思った瞬間は？

　個別のフィードバックのタイミングって，アウトラインと第二稿の2回ありますよね。アウトラインと第二稿で，アウトラインのフィードバックが一番重要だと思っています。アウトラインは自分の思考を整理するところですよね。ここで，論理性や一貫性，バランスとかを確認しておかないと，文章化してから修正していくことはなかなか難しい。そこがよくできていない学生が，そのまま文章化したときに苦労しているのを今まで何回も見ているので，アウトラインのフィードバックでかなり力を入れて色々とコメントをつけたりしています。でも，本当に稀なんですけど，全く改善されていない場合に「あの時間は何だったんだろう……」と，ちょっと虚しくなりますね。そういった指導が反映されていない原因として，いくつか可能性があって，そもそもちゃんとフィードバックを見ていない学生がいるかもしれません。ルーブリックの点数だけを見て中身やコメントを見ないとか。もう一つのパターンとしては，ちゃんと読んでいるんだけど，

確認したんだけど直せないパターンですね。

3. つらいことへの対処法は？

　よく評価表の内容を読んでいないかもしれない学生には，返却するときに，ちゃんと読んで改善しないと，全く同じ理由で原稿も減点されちゃうから理由をよく読むように伝えていますが，なかなか響かない学生もいます。特にオンライン授業（2020年度から開講）だと声かけが難しいです。対面だったら，学生の様子を見つつ，さりげなく近くに行ったりして声かけもできるんですが，オンラインだと個人への声かけのハードルが上がるというか。もう一つの，ちゃんと読んでいるけれど直せていない場合は，なるべく具体的に指摘しています。評価表を読んでヒントを見つけて，自分で考えて修正するっていうのが理想だってわかっているんですけど，評価項目によって難易度も違うので。すぐ直せるものもあれば，減点されているのはわかっているけどでもどうすれば良いかわからないっていう項目もある。序論に書くべきことが本論にあったりとか。そのような場合は踏み込んで箇所を指定しながら具体的に指摘しています。全部をこちらから与えれば良いわけではないと思うので，一緒に解決していく感じで，次に自分でできれば良いかなとも思いながら指導しています。

4. 経験を重ねることで伸びてきたと感じる指導スキルは？

　一つ目が，学生たちの色々なテーマに対応してきた中で，テーマごとの関連資料に関する知識が，私のなかで蓄積されてきました。初期の頃は，私自身もよく知らないテーマばかりで，今まで興味を持ってきていなかったので，どんな資料が存在するのかとか，わからなかったんです。だから助けを求められても，一緒に検索してみるとかそれぐらいしかできなくて，かわいそうだったなと思うんですけど，今はヒントをあげて自分で見つけられるようにするというような，そうしたサポートができるようになってきました。レポート全体の方向性に関しても，色々なやり方をした学生がいるので，ヒントの引き出しが増えました。あと，つまずきの傾向がなんとなくわかってきました。最初は，レポート作成の過程の中で，どこでつまずいているのかってわからなかったんですよね。でも，今何年もやっていて思うのは，やっぱりつまずきやすいのは初期のところで，テーマを設定して資料を確保する段階ですね。そのようなつまずきどころの把握ができるようになったなって思います。

5. 課題として残っていると感じる指導スキルは？

　引用に関するところが，まだアドバイスとか，なかなかうまくできていないと思っています。学生たちが参照した参考文献リストにある資料の内容全てに目を通しているわけではなく，レポートしか読んでいないので，引用した箇所がベストなところを選べて

いるのかとか，間接引用の引用方法が恣意的になっていないかなどチェックできていないんですよね。現実的に全員分の引用資料を確認するっていうのはなかなか難しいですね。その部分に関しては，私自身も手当てできていない部分で，課題ですね。

6. 他の先生との交流を通じて気づいたことは？

　あまりこのような言葉は使わない方が良いと思うのですが，よくできている学生とそうでない学生がいた場合，あまりできていない学生たちに集中しすぎない方が良いのではという意見を聞いて，気づかされました。アウトラインなどの採点でも，よくできている学生は指導箇所が少なくて 10 分もかからず終わるんです。でも，あまりできていない学生の方はたくさんコメントつけたくなってたくさん時間もかかる。かける労力とか時間に偏りがあって，何が平等なのかわからないけれど集中しすぎるのはどうなんだろうって。その分の労力をよくできている人たちにも使った方が良いかなと思って，よくできている箇所をほめたり，励ましのコメントをつけたり。逆にできていない人たちの時間は絞りましたが，何十個もつけられると何から手をつけて良いかわからなかったり，心折れちゃうかもしれないなと思うようになりました。優先度の高い「ここだけは」というところに絞ってコメントするようにしています。授業の最後の日にも，まずは過去の自分よりもよく書けるようになったら良い，頑張って伸びていたら良いよねとクラス全体に話します。

7. これからしてみたいことは？

　参考文献や出典については，書き方だけ提示してもなかなかできないので，みんな共通のもので練習してから書いてもらうなど，時間が今取れないんですけど，したいですね。あとは，オンライン授業でのグループ活動が難しいですね。振り返りコメントでグループ活動がすごく良かったっていう学生もいるんです。「色々コメントをもらえて助けられた！」って。でも，グループ活動が始まっても数分でブレイクアウトルームから出てきちゃうとか，課題を見ても，「こんなシンプルな箇所，グループで指摘してもらえなかったのかな」と思うところもあって。今はグループワークシートを準備したりして，必ず活動しないとワークシートが完成しないような活動も入れています。あと，活動に入る前に，こんなに自分のレポートを見てもらえる機会なんて大学生活でなかなかないよ，と目的と狙いをはっきり話したりします。お互いに学べる仕掛けをもっと作っていけたらなと思っています。

　B 先生，ありがとうございました！

レポート指導，7つの質問！（C先生編）

1. やっててよかった！と思った瞬間は？

　学生の色々な思考に触れられるのは，すごくおもしろいなと思います。こういうテーマを選んでくるんだ！とか，同じテーマでも捉え方や切り口が違ったり。そういうのはおもしろいですね。最初は，特に問いの立て方とかとんちんかんだったのが，だんだんコツを掴んできて，それで最終稿あたりにはちゃんと形になっていたりして，そういうレポート全体を完成させるプロセスで成長が見られると「あー，やってて良かったなぁ」と思います。学生が「役に立った」というコメントを書いてくれるのも嬉しいですね。学生には，2,500字書くのは大変だから，好きなことや書きたいことにした方がいいよと言っているのですが，「好きなテーマで頑張って書いて良かった！」と満足そうに言われたときとかですね。

2. つらいな……と思った瞬間は？

　時間のやりくりはありますね。アウトラインや第二稿のフィードバックで他の授業もそのタイミングでたくさん見るものがあったりとか……。あとは，採点をするときにコメントを書いたら，そのコメントが学生にどう受け止められるかっていうのも結構難しくて，学生によっては傷ついちゃうっていうのもあって，こちらは指摘だけをしているつもりでも責められているように感じてしまうというか。少しの指摘だけでテーマ自体を変えようとしちゃうとか……。0か100か，ダメって言われたから，みたいになっちゃうとちょっと難しいですね。さらに，それがオンライン授業だと難しかったですね。しゅん……としていても，その様子が掴みにくいから，気がつくタイミングも遅れてしまうというか。対面だと，手が進んでいないとか，グループ活動でも伏目がちだったりとか，そういった小さなサインで声かけしやすいんですけど。あと，オンラインでブレイクアウトルームの活動時間にグループを回って「聞きたいことありますか」って聞いても，誰かが「大丈夫」って言っちゃうとそれで終わってしまう。顔が見えないから学生同士が仲が良いのかとか，この組み合わせの前で個人のフィードバックをしても良さそうかな？とか，その辺りも掴みにくいので，こちらもなかなか難しいなと思います。

3. つらいことへの対処法は？

　時間のやりくりに関しては，15分でタイマーをかけて，この間にレポートを＊枚見るぞ！と時間管理を工夫したり，他の先生方との情報交換の中で効率の良い方法を聞いたり，大変さを愚痴ったりとかですかね（笑）。みんな同じように大変だよねって。学生の指導方法も，色々な先生と情報交換をして，そんなときはああしたら，こうしたら，と話をしています。オンライン授業での学生の見えづらさについては，授業中に何回かチ

ャットで質問に答えてもらう時間を作って，まずは授業にしっかり参加してもらうなどですね。あとは，フィードバックでよく言及されるような指導ポイントに関しては，対面だと強調できる部分がオンラインでは結構聞き逃されていることがあるので，配布スライドも文字情報多めで学生本人が読み返してもわかるようにしたり，対面の時よりも1, 2回多く言っている気がします。質問コーナーとか授業内チャットの時間は取りますけど，それでも質問しづらい学生はいると思うので，次の授業がない場合は10分ぐらいは残っても大丈夫だよ，と授業後の時間をオープンにします。最初は友達と残っていただけの学生も質問するようになったりしました。そのお友達の学生も最終レポートの出来がとても良くなったので嬉しいです。

4. 経験を重ねることで伸びてきたと感じる指導スキルは？

　採点の効率化みたいなのもそうですし，あとは学生が何につまずくかとか，どこでミスするかとか，予想がつきますね。予想がつくようになるので，その前にこう対処できるとか，こちらが提示しておけることができるようになりました。学生に気づいてほしいこともあるので，全てこちらから先に提示するわけではないんですけど，こうなるだろうなという予想をもとに考えておきます。いきなりきて「あ，どうしよう」っていうのは無くなったので，対応力がつきました。背景から本論に掘り下げる段階も，掘り下げるということがわかっていないので，図式化して説明したり。報告型になってしまう場合は「残念な例」への指摘を教室で考えてもらったり。介護施設の問題点みたいなテーマで，労働力不足と入居待ちの多さが本論だと報告になっちゃうんですけど，これがどうしたら問いになるかっていう感じで考えてもらって，入居待ちが解消されない理由は……というように踏み込んでいってもらいます。集めている資料を全て没にしてゼロから集めなおす，ではなく，興味を持ったテーマはそのままにしつつ，うまく問いに変えて進めてもらうというようなことができるようになってきました。

5. 課題として残っていると感じる指導スキルは？

　自分が学生につけるコメントの，表現能力ではないですが，人が違うと捉え方が違うので難しいのですが……。限られた授業回数で，学生との付き合いも浅く，どのようなタイプの学生かっていうのが見極められないので，どのように言えばやる気を出してくれるのかは考え続けていますね。この大学のレポート指導は7コマだけなので時間的な制約もあるんですが，本当は個別にテーマ相談をじっくりできるようにしたいですね。あとは，やはり書く場合には読むことも大切になってくるので，そこをリンクできると学生に力がつくのかなとも思います。

6. 他の先生との交流を通じて気づいたことは？

やはり先生によってこだわりが色々違うなというのはありますね。先生方のバックグラウンドを存じ上げないのでわからないのですが，アウトラインや表現練習，引用など力を入れるところもそれぞれ違う気がします。私は，最近は問いの立て方に夢中になっている感じなんですが，そこができればほぼうまくいくかなぁという気がしています。第二稿よりはアウトラインに時間をかけてしっかり見ていますね。コロナ前は私もレポート指導の担当を始めたばかりで，周りの先生に色々な経験談とかをおうかがいしたり，先生方が工夫している補助教材もいただいたりしたこともあったんですけど，コロナ禍に新しくご担当の先生はそのような機会が少なく，横並びの授業で周囲の先生がどのように進めているのか見えづらいので大変だと思います。他の先生方の授業活動でのグループの組み合わせ方法や活動の仕方，指示の仕方とかは参考になりますね

7. これからしてみたいことは？

学生がこうするだろうっていう経験知みたいなものを整理したいですね。この本がまさにそうなのかもしれないですね。個別指導も，アウトラインにいくまでの学生の導き方というか，オリジナリティのあるテーマを持ってきた学生が，考えることが苦手でも輝くようにしたいんですけど，発想は素晴らしくてもレポートの構成やレポートとして評価する部分にマッチしないと，こちらが心のなかで評価していても点数に表れてこない。この辺りの引っ張り出し方みたいな点を整理して，そのような学生が輝ける機会を用意したいです。あとは，最後にグループでの読み合いはあるんですが，せっかく頑張って書いたレポートなのでもう少し学生同士でシェアできる時間や仕組みがあると良いなとも思います。特にレポートは「先生に読んでもらうもの」と考えている学生が多くて，そうではなく自分たちと同じクラスメートが読むものとして対象者を指定すると，書き方も工夫しようとするかもしれませんし，アドバイス活動もうまくいくのかもしれないなと思います。

C 先生，ありがとうございました！

コーディネーターの引き継ぎ，7 つの質問！（D 先生編）

著者は，本書で紹介してきた実践の立ち上げと教材作り（スライドや評価表等）など，初期の運営を行いましたが，現在では D 先生がコーディネーターを担当されています。D 先生にもお話を伺いました。

1．レポート指導で，やっててよかった！と思った瞬間は？

　1番と2番の質問にまとめて答えるということになるかもしれないんですが，大学教員としての経験が浅いので，全学の初年次必修科目を担当するとなったときに，大事なお仕事をさせていただいているなという緊張感の方が強いのが正直なところです。ただ，1年生全員に，自分でテーマを決めて書いてもらっているので，今年の1年生はどんなことに興味があるのかとか，どんなことに問題意識を持っているのかとか，学科を越えて生で現場で見られるのは，大学教員として恵まれているなと思います。例えば，全学科目ご担当の先生も色々な学科の学生に関わるとは思うのですが，初年次で学生がテーマを決めて，そのテーマについて悩んで考えながら書き上げることを隣でサポートできるのはこの授業だけかと思います。これは他の非常勤の先生方も含めて，この科目を担当する醍醐味みたいなところだと思うので，大切にしていきたいですね。

2．初年次教育のコーディネートで大切だと感じることは？

　年間受講人数が非常に多いので，全授業の全クラスの内容までは統一できません。スライドなどは統一したものをお使いいただいていますけど，実際の授業はもちろん先生ごとに行っていただいているので，成績評価の基準はかなり厳密に統一しています。それは，藤浦先生と宇野先生に作っていただいたルーブリックも含めてなんですが，成績評価は学生の不満というか不公平だと感じる部分でもあるので，そうした声が出ないように心がけています。科目運営上の問題が出ないように，やはり成績評価については，課題提出などの配点も含めて，客観的に統一した基準が大切だなと思います。

3．引き継ぐ際に気をつけたほうが良いと思ったことは？

　実は，引き継ぎのタイミングが2020年の4月だったので，新型コロナウィルス感染症流行の影響で授業が突然オンラインになったりするなど大変な年でした。ですので，中立的な観点からお答えするのが難しいところがあります。テキストや教案，副教材は藤浦先生と宇野先生がコーディネートされていたときのものを引き継いでいるので，今私が行っているのは，授業をより良くしていくために，少しずつ現場に合わせて改善をしていったりすることですね。スライドや回答用紙の工夫も含めてですね。2020年4月は，皆さん慣れないなかで，一気にオンライン対応をしなければならなかったので，その辺りの改善もしていきました。また，1年に多くの学生が受ける初年次の必修科目なので，留年したりする学生は次年度も同じ科目名の授業を受講するわけですね。そうした学生が，前に受けた授業と全く違う，と思わないように，大学の運営としても成績や評価を統一することは意識しています。これから先，私が誰かに引き継ぐことがあれば，自分が大切にしてきた成績と全学科目運営の関連性についてはしっかりお伝えしたいと思いますね。

4. 長年担当することで伸びてきたと思うコーディネート力は？

　非常勤の先生方が意欲的に，というとあれですけど，科目運営にご尽力くださっています。その際に，「学生からこういう質問が出てきたんですけど，ここどうしたら良いですか」というようなお問合せに対して，パッと答えられることが増えてきましたね。科目運営に慣れてきたところかなとも思いました。例えば，今，課題は Word で提出させていますが，Google ドキュメントでも良いのではないかという質問がきたときに，「リテラシー」と科目名がついているように，コンピューター・リテラシーを育てるために，Word の使い方にも慣れてほしいからです，とパッと答えられるようになりました。卒論などではまだまだ Word が主流ですし，そうしたこの授業を終えた先にある機会も踏まえて説明できるようになりました。

5. 課題として残っていると感じるコーディネート力は？

　必修科目なので，自分で選んで教室に来る学生は一人もいないんです。それでも，必修で無理やり受講させられたけど，受けて良かったなって少しでも思ってもらえるようにしていきたいなと思っています。でも，中には，文章を型通りに書くことや，教養科目に対する意欲みたいなものが薄い学生もいます。文章を書くことに対する苦手意識も学科によって傾向が違います。こうした学生の意欲だったり，能力だったりをどう引き出していくかというのはこれからも課題です。ベテランの先生に，文章が苦手なクラスばかりをお任せするということはできないので，そこも少し悩みどころですね。

　今の学生は，私が大学生だった自分自身と比べると，良い意味でも悪い意味でもドライな学生が多い気がします。良い意味では，点数を取ることに貪欲で，悪い意味で言うと，システム的な部分に不満を募らせる学生も多い気がします。だからこそ，先ほどお伝えしたことと重なるのですが，あちらのクラスではこう評価されたけど，こちらのクラスでは評価が違うという状況がなるべく生まれないように，先生方から情報をいただきながら科目全体として判断をしています。科目コーディネーターとしてしっかり答えられなければならない部分だと思っています。

6. 他の先生方と話す機会から気がついたことは？

　「他のクラスではこうなのに」とか，あと，このクラスの学生はここで困っているなど，色々な困りごとについて，先生方の控室にお邪魔して，直接声を聞くというのは，コーディネーターとしてやっていかないといけないなっていうのは意識しています。学生だったり，ご担当の先生方のお力になれるように。メールでのやりとりだと遠慮なさっていたところを，対面でお会いすると「ここだけの話」と，お聞かせくださることもあるかなと思います。これはどの授業でもそうだと思うんですけど，できる学生とか意欲のある学生についてのご相談をいただくことって，ほとんどなくて，ちょっとやる気がな

さそうとか，科目に不満を抱いていそうだとか，そのようなお話を聞くことが多いですね。ですので，そうしたお声を，私だけではなく，他の先生方と共有する場が大切かなと感じます。

7. これからしてみたいことは？

　6と関連するのですが，先生方と話すなかで，話し合いの時間や機会が大切だと思ったので，現在は年に2回のFDを増やすのも良いなと思っています。具体的には，学期の後だけではなくて，例えば，第二稿のフィードバックの時期に，それぞれの採点の観点で悩んでいる点を相談しあったりできるようなFDがあると良いのではないかと思います。これについては，環境を整えて実際に準備しています。

　あと，学生のレポートの提案のところは，もう少し踏み込んでいきたいですね。大きな提案ではなくて，具体的に学生として何ができるかというところまで導けると，学生のエンパワーみたいなものにつながるのではないかと思うので，力を入れていきたいですね。

　D先生，ありがとうございました！

立ち上げコーディネーター，7つの振り返り！（著者編）

　本書で紹介してきた取り組みの立ち上げメンバーである宇野聖子先生と著者藤浦が，コーディネーターとして初期運営を行った当時のことを振り返ります。

　互いの関係上，語りの調子がカジュアル，かつ，2名分なので少々ボリュームがありますがご容赦ください。

1. 初年次教育科目を立ち上げる際に大切だと感じたことは？

　宇野（以下，U）：やっぱり1年目は1クラス80-90名で，始める前から，私たちも含めてクラスを受け持つ教員の負担が本当に大きいこともわかっていたから，「心が折れないようなプログラムにしなければ！」と話し合ったよね。授業で使うPPT（スライド資料）・課題シート・評価表も，統一したものを配布するだけじゃなくて，「何をどう使えばいいか」がわかるように，使い方も文章にして配布するようにしたり。

　藤浦（以下，F）：初めて教える人が，そのパッケージを見ればなんとか教えられるという仕組みは大切だと感じたね。Y先生スタイルのシラバス（☞84頁）を取り入れたのも本当に良かった。一方で，先生方それぞれの良さを活かせる自由度も大切なので，

お任せできるところはお任せするのも大切だなぁと。そこはなかなか手探りな部分もあったけれど。

U：教員がそれぞれの良さを活かしながら「やろう！」って思えないと，結局学生にも良いことがないから，先生たちが「辞めたい」ではなく「やろう」と思えるような仕組みを作りたいし，そういう場を継続させたい，みんなで作りたい，と思っていたよね。

F：あとは，この教材は，別の実践ですでに私たちは何年か使っていて「考えながら書く」ということが初年次から教えられる！という確信もあって，先生方にも「このテキストや教材で教えてよかった」と思われるようにしたいなという気持ちもあったね。

U：うん，立ち上げのときに譲れないところがハッキリしていたのは，コーディネーターをする前に自作教材を使って実践をしていたという点が大きいね。テーマ決めや資料収集から段階的にサポートをして，アウトラインや原稿など，要所要所でフィードバックをして，伴走しながらサポートしてこそ効果があると感じていたからね。

F：うん。だから，大人数だからといって，ただ最後にレポートを出せばそれで OK じゃなくて，フィードバックの時間を少しでも確保するために，他をいかに効率化できるかを考えたね。個別フィードバックは譲れなかったから，そこを大切にしながらカリキュラムを組み立てた感じがするね。

2．初年次教育のコーディネートで重視したことは？

U：1 の質問回答と似てしまうけど，「学生目線に立つことの共有」じゃないかな。まず，初年次ということで初めてレポートを書く学生も多くて，そうした学生にとってこの授業を「もうレポートは嫌だ」と思うような経験にはしたくないなと。「大変だったけど，考えて書いてよかった。これからもなんとかなるかもしれない」って，前向きな気持ちになってほしいっていう大きな目的の共有かな。

F：担当する先生たちと，「どんなものを仕上げるのか」という，成果物とそれを仕上げるまでのプロセスや方法の共有だけじゃなくて，「学生の能力と同時に，楽しいと感じる気持ちも持てるようにする」という点もきちんと共有したい！というのは強く思っていたよね。初年次教育は，これからの学びの応援のためにあるから。

U：あとは，先生方との情報共有の機会と，相談しやすい環境づくりかな。先生によって，不安に思う部分や，もっと聞きたいことも違うから，全体に案内して終わりじゃなくて，いつでも相談してもらえることが大切かな。そのためには，ミーティングやFD も堅苦しい雰囲気じゃなくて，チームとして楽しい雰囲気であることも大切！

F：ふふ，コロナ前は FD の後にみんなで一緒にご飯食べたりして，雑談の機会もたくさんあったよね。FD も単なる学びの場ではなく，楽しんで考えて，情報交換できるような FD にしたいなっていう気持ちでセッティングしていたかな。

3. 限界を感じたことは？

　F：物理的な時間の制限はあったね。私たちの過去の実践では15回の授業で行っていたものを，4学期制の8回，そして100分授業への移行で7回に組み直したよね。あれは大変だったね。シラバス・予定表・配布資料やPPTなどを3パターン作ることになったので。

　U：そうそう，本当に大変だった……。一方で，組み直す過程で，絶対に譲れないことも明確になったね。授業回数は減っても，アウトラインと第二稿の教員からの個別フィードバックは絶対に取り入れる，とか。立ち上げで譲れない部分は，やっぱり最後まで残った。みっちりやりたいところもあるから本当は削りたくないところもたくさんあったけど……。

　F：あと，学生については，限られた時間で全員が同じように見本レポートのようなレポートが最後に書けるわけではないというのもあるね。スタートがどの地点で，この授業を受けた結果，どれぐらい学べるかは学生それぞれで。授業で教えたことの成果は，限られた授業回で全員に現れるわけではないと感じたかな。

　U：多様な学生がいることを認めて，授業を通じて「考えて書くこと」についてポジティブな感情を持ってもらって，「完璧ではないけど，頑張ってよかった。これからも頑張ろう」って学生に思ってもらうことが大切だよね。

　F：それは私たち教員も一緒かもしれない。色々な先生がいて，それぞれの先生が大切にしているものも教え方も少しずつ異なる。「これが大正解！」もなくて，A先生のやり方，B先生のやり方に救われる学生がそれぞれいるなと思う。コーディネーターが「全てをコントロールしよう」と思ってしまうと，うまくいかない気がする。どんなことも「完璧に揃える」のには限界があるし，それをしようと無理をすると良いところも潰れてしまうと思う。

4. 長年担当することで伸びてきたと思うコーディネート力は？

　U：多様な先生がいて，先生方の質問も本当に色々なので，カリキュラムを組み立てつつ，現場で授業担当していた私たちも想定していない質問がたくさんあったよね。

　F：うん。そうした質問に私たち自身も新たな視点や困難点に気がつきながら考えて回答していたら，このカリキュラムで色々な先生の良さを活かしながらも，全体で共有しないといけないことはなんなのかわかってきた感じだよね。

　U：そうそう。だから全部に私たちがハッキリと答えるわけではなくて，先生たちの良さを活かして自由に進めてもらって良いところはそのように伝えることができるようになったよね。コーディネーターが決めるところと，決めないところがわかってきたというか。

　F：うん。後は，さっきも挙げたけど，話し合いや情報交換の場を楽しく学べる場に

する，先生たちの気持ちを大切にすることで，お互いに話す量が増えてきた感覚がある。そんな時は場づくりの準備，頑張ってよかったなと思うし，そういう場作りも上手になっていく気がするね。

5. 課題として残っていると感じるコーディネート力は？

U：うーん，私はまとめてビシッと言うみたいなことが課題かな。藤浦さん見ていると，何か質問されたときに，コアを押さえてビシッて要点を答えられている気がする。

F：私は宇野さん見ていると，色々な先生に相談されていて，「相談され力」と，先生たちとのコミュニケーション力があるなと思う。先生方の困りごとや悩みを深刻化・長期化させないためには，少し困っているっていうタイミングでさっと相談できることが必要だと思うから，本当にすごいと思う。

U：一緒に授業を担当しているっていうのは大きいかもね。困りごとを実感としてわかって共有できていると，それを前提として話せるから……。

F：そう思うと，2人ともタイプが違って，普通ならコーディネーター一人で悩むであろうことも，二人だったからお互いに相談することができたね。私たちが教育で重視していることが共通していたのと，反対の意見とかも率直に話せる間柄だったのも大きい気がする。コーディネーターが複数いても，コーディネーター間で話ができないと現場も混乱しそう。

U：うん。教育で重視していることは共通しているけど，でもお互い違うタイプで，色々な角度からコーディネートして協力して進められるっていうのは良いかもね。コーディネーターのどっちに相談してもいいし，それをこちらでも共有して，対応を考えるのも二馬力だから。あとは，今回の科目担当の先生も以前から一緒に働いていて，率直に話せる先生がいてくれたのも幸運だった。

F：うん，確かにそれはありがたかった。初めて一緒に働くことになる仕事仲間にも同じような気持ちを持ってもらったり，話しやすい環境を作ったりするにはまだまだ考えることがたくさんありそう。

U：あ，あと課題は，自分の時間管理かな。コーディネーターとして資料を集めて整理したり，副教材を作成したりとかするときに，なかなか準備できなくて，先生方へのお渡しがギリギリになっちゃったり。

F：そればかりは二馬力でも，私たちのタイプ（ギリギリ）が似すぎちゃったよね。先生方もそれぞれ他大学で教えていたり，忙しいタイミングも違うからコーディネーターは自分だけの時計で動いたらダメだな〜と思う。ギリギリになることで丁寧に伝えきれない部分もあると思うし，その分先生たちの疑問に答えたり，相談に乗ったりする時間も減ってしまうから改善したいところかな。できるかな……。

6. 他の先生方と話す機会から気がついたことは？

F：先生によって，大切にすることとか，良いと感じることが違うというところかな。進め方もだし，実は「この学生はできる」と思う学生も違ったりする。担当しやすいと感じるクラスも，「形式がビシッと揃うクラスが良い」という先生もいれば，「テーマがバラバラで個性的なクラスが良い」という先生もいる。一方で，誰かがおもしろいと捉えるクラスをつまらない，指導しにくいと考える先生もいて，もちろんそれは私にも当てはまる。価値観の違いを知ることで，自分が乗り気じゃなかったものにも良さがありそう，と考え直すきっかけになったり。

U：やりがいがあると思うところとか，おもしろいと思うところが違うから，共通のルーブリックを使ってもやはり多少は差が出るね。そこから評価表の記述についてさらに考えていったり……。大きな目的に関する質問から，細かい進め方に関する質問まで，先生方の色々な質問から学べると思う。違いをチームの力に変えるのが大切だなと思う。

F：お互いに全ての教室を覗きに行くことは無理だけれど，先生方の質問や FD での話，普段の雑談から指導場面で起こった出来事や経験を全員で少しずつ共有している感じだよね。

U：うん。体験からの知見の共有。チームで授業をしているからこその財産だね。あとは，巻き込み力というか，学生にはこの授業で学んだレポートスキルを他の場で活かせるように，とは伝えているけれど，私たち教員も，他の学部や学科の先生とさらに連携していく力が求められるかなと思う。

F：うん，参考文献の書き方一つとっても専門によって違う。でも，1 年次に教えて欲しいスキルとして情報共有すれば，統一することができる項目もありそうだよね。学生にはせっかく学んだことは外で使って欲しいし，だからこそ私たち教員も他の学部・学科の先生たちとつながる力をつけていきたいね。

7. これからしてみたいことは？

U：ライティングの授業で話し合わせてみると，ピア活動自体が苦手とか，みんなの前で意見を言うことができないとか，大学でやりとりしながら学ぶための口頭表現が苦手な学生も多いなぁと感じるし，学生から相談もされる。初年次教育で口頭表現も担当してみたいかな。留学生向けの授業では，これまでもアカデミック・ジャパニーズとして，ディスカッションやプレゼンテーションや読解の授業はしているけれど，日本語母語話者にも必要だと感じる。選択の授業でもいいから，そういう機会があると学びをさらに楽しいと感じる学生が生まれそう。

F：うん，話し合いの場面だと日本語の流暢さとは別に，話し合いや発表は留学生の方が上手な場面もあるよね。意見の伝え方や資料の使い方をわかっているというか。あと，引用や要約部分の指導をもう少ししたいなと感じる場面が多い。レポートを書く際

に，読むという活動と切り離せないなと感じるので，資料読解の授業なんかもしたいなぁ。いずれも，ネイティブだからといってできるわけではないよね。それなのに，レポート・ライティングと違って初年次で科目として立ち上げている大学は少ないような印象がある。

　U：全てが別立てである必要はないかもしれないけれど，レポート・ライティングとは別に，アカデミック・ジャパニーズという授業で，読んだり，ディスカッションしたり，プレゼンテーションしたり，という授業があって，日本語母語話者もスキルを磨けると良いよね。ライティングの授業と連動させるとさらに良さそうだなと感じる。

　F：わ！夢広がる！これもさっきの「つながる力」を鍛えて，各学部・学科の課題や長期的な目標も共有しながら進められたら良いなぁ。

　夢は広がります。お読みいただき，ありがとうございました！

おわりに

つまずきを歓迎し，学びのパワーに。

　本書では，レポートを執筆するなかで段階ごとに生じる学生のつまずきと，私たちが実践のなかで試行錯誤してきた「あの手・この手」を紹介してきました。この方法に従いさえすれば間違いがない，そのような方法はありません。だからこそ，「あの手・この手」をできるだけ具体的に共有することが大切だと考えています。

　レポートの書き方を学ぶ過程では，間違いやつまずきが許容される環境であってほしい。そうした姿勢を学生自身が受け止め，また成長を実感できる環境であってほしい。このような思いで本書を作りました。学生は「このクラスで良い成績を取りたい」と思っているでしょう。そして私たちも成績を出すという役割を担っています。しかし，学生の書く・考える活動はこの授業が終わってもずっと続いていきます。だからこそ，「このクラスでいっぱいつまずいて失敗してもらいたい。完成したレポートが完璧ではなくても，試行錯誤した経験が，次のどこかの書く・考える活動につながれば嬉しい」という気持ちでレポート活動に携わっていたいと思います。

　ついつい教えたことがすぐに結果に表れることを望みがちで，鼻息荒く「ここでレポートの書き方の全てを詰め込み結果にコミットする！」と思ってしまいがちですが，「ここで蒔いた種が，どこかで芽が出ますように」と，時間を区切らず学生のこれからの成長を楽しみにしたいです。インタビューに協力してくださった先生も，何十個もコメントをつけたい気持ちから，「考えるって楽しい」という気持ちを育てる方をより意識するようになったと，実践を通した気持ちの変化について，声を寄せてくださいました。

　この本は，この授業を受講した多くの学生，そして私たち教員のつまずきと学びによってできています。改めて，携わってくださった全ての方に感謝を申し上げます。また，このプログラムを共に創ってきた宇野聖子先生には，本書の制作においても心強いサポートをいただきました。本当にありがとうございました。

　この書籍を手にとってくださった方々に，ああ，ここはもう少し上手いやり方があったかもしれないな，他の先生はこんな風にしていたのか，今度はこの方法を試してみようかな，あの学生にはこの方法がいいかな……と，本書と会話するように読んでいただけていたら，とても嬉しいです。

　いつか，みなさんと「つまずきを歓迎し，学びのパワーに変える取り組み」について共有できる日を楽しみにしています。全国の現場で奮闘する先生方の姿を想像し，私たちも学生の成果物や質問から学び，つまずき，楽しみ，進んでいきたいと思います。

　本書を手に取っていただき，誠にありがとうございました。

藤浦五月

引用・参考文献

石黒圭（2012）『この1冊できちんと書ける！論文・レポートの基本』日本実業出版社

宇野聖子・藤浦五月（2015）「ライティング評価における『興味深さ』の観点の共有活動とリライト効果——学習者によるリライト手法の能動的な選択を観察して」『日本語教育学会春季大会予稿集2015年度』, 253–254.

宇野聖子・藤浦五月（2016）『大学生のための表現力トレーニング あしか——アイデアをもって社会について考える』ココ出版

スティーブンス, D., & レビ, A. ／佐藤浩章［監訳］井上敏憲・俣野秀典［訳］（2014）『大学教員のためのルーブリック評価入門』玉川大学出版部（= Stevens, D., & Levi, A. (2013) Introduction to Rubrics. Stylus Publishing, LLC.）

田中耕治［編］（2010）『よくわかる教育評価 第2版』ミネルヴァ書房

二通信子・大島弥生・佐藤勢紀子・因 京子・山本富美子（2009）『留学生と日本人学生のためのレポート・論文表現ハンドブック』東京大学出版会

藤浦五月・宇野聖子・村澤慶昭（2019）「学生の文章特性と意識調査から自律学習を促す効果的な指導について考える——初年次レポート・ライティング指導における実践をもとに」『武蔵野大学しあわせ研究所紀要』2, 29–51.

藤浦五月・宇野聖子（2023）「評価項目の記述が他者評価活動に与える影響——評価表とアドバイスコメントの関連性」『Global Studies』7, 97–120.

文章力向上支援サービス「文採」ウェブサイト〈https://www.za-net.co.jp/bunsai/（参照 2023年3月1日）〉

松下佳代（2007）『パフォーマンス評価——子どもの思考と表現を評価する』日本標準

Cho, K., Schunn, C. D., & Wilson, R. (2006) Validity and Reliability of Scaffolded Peer Assessment of Writing from Instructor and Student Perspectives. *Journal of Educational Psychology,* 98(4), 891–901.

本研究は，JSPS科研費JP18K13070の助成を受けたものです。

レポート指導のトリセツ ルーブリック

名前（　　　　　　　　　）さん

1		タイトル	タイトルが論点を明確に示しており，レポートの内容はタイトルと一致しているか	
			a. 素晴らしい（3）	b. まあまあ（2）
		評価ポイント	□論点がタイトルから明確にわかり，レポート内容とも一致している	□論点がタイトルからわかりづらい □レポートとタイトルの内容が少しずれている
2	第一段落	テーマと目的	自分とテーマの関連性と，本レポートの目的がわかりやすく書かれているか	
			a. 素晴らしい（3）	b. まあまあ（2）・
		評価ポイント	□テーマ設定が個人的な疑問・興味関心から出発しており，具体的に書かれている。よくある話題ではなく，少し深いテーマを掘り下げており，レポートの目的も一文で明示されている。	□テーマと自分との関連性がわかりづらい □テーマ設定がよくある話題・広すぎる話題でありもう少し掘り下げる必要がある □テーマ設定が狭すぎるため，もう少し関連領域や同じような事例にも広げて設定すると良い
3	第二段落	定義	レポートを読むために重要な用語について，信頼できる資料をもとに意味を整理し自分のレポートでの用い方を明示しているか	
			a. 素晴らしい（3）	b. まあまあ（2）
		評価ポイント	□レポートを読むうえで読み手が理解した方が良い重要な用語を，信頼できる資料から調べられている。ただ意味を調べるだけでなく，自分のレポートでどのように用いるかを明示している。	レポートを読むうえで重要な用語を信頼できる資料をもとに調べられているが，以下の点においてやや不十分である □他の用語も調べる・紹介する必要がある，あるいは用語の説明が不十分 □重要な用語は調べられているが，不要な用語も書かれている □提示された用語の場合，異なる資料（専門事典等）を用いた方が良い □自分のレポートでどのような意味として用いるのかやや不明瞭である
4	第三段落	背景整理	議論をするうえで必要な情報（数値等）を整理し，より深く調べるべき課題を特定できているか	
			a. 素晴らしい（3）	b. まあまあ（2）
		評価ポイント	□議論をするうえで必要な情報（数値・データなど）を調べられており，その情報からさらに課題を深く考え，レポートの目的とともに本論（1点目・2点目）につなげている	□背景説明に資料が使われているが，更に良い資料を探す必要がある □背景の最後の論点提示で「何のために」「何について」のうち，どちらか一方しか書かれていない □背景の最後に論点が提示されているが，背景から導き出された課題あるいは論点がわかりづらいなど，やや飛躍している
5	第四・五段落	本論と主張	本論の1点目と2点目が主張を支えるための観点として適切か	
			a. 素晴らしい（3）	b. まあまあ（2）
		評価ポイント	□論点の1点目と2点目が主張を支える観点として十分であり，資料もそれぞれの主張を支えるものとして適切である	□論点の1点目と2点目のどちらかが主張を支えるための観点としてやや説得力に欠ける □論点と引用資料が合っていない箇所がある □1点目・2点目のどちらか一方しか資料解釈（自分の言葉による資料まとめ）ができていない □論点の1点目と2点目が似通っている
6	第六段落	本論のまとめ	本論（1点目と2点目）からわかったこと・言いたいことを自分の言葉でまとめているか	
			a. 素晴らしい（3）	b. まあまあ（2）
		評価ポイント	□本論で資料を引用するだけではなく自分の考えを自分の言葉でまとめている。1点目の資料と2点目の資料から言えることを総合的に自分の言葉でまとめている。	本論で資料を引用するだけではなく自分の考えを自分の言葉でまとめているが，以下の点において不備がある □1点目と2点目の資料を総合的にまとめられていない（どちらか片方になっている） □資料とまとめの解釈にややズレがある

タイトルが論点を明確に示しており，レポートの内容はタイトルと一致しているか	
c. 発展途上（1）	d. 点数なし（0）
□タイトルからテーマや議論点がわからない □タイトルとレポートの内容が大きくずれている （一箇所でもチェックがあればこちら）	□タイトルが書かれていない

自分とテーマの関連性と，本レポートの目的がわかりやすく書かれているか	
c. 発展途上（1）	d. 点数なし（0）
□テーマ設定と自分との関連性がほとんどわからない □レポートの目的が明確に書かれていない （一箇所でもチェックがあればこちら）	□テーマを選んだ理由が書かれていない □レポートの目的が書かれていない （一箇所でもチェックがあればこちら）

レポートを読むために重要な用語について，信頼できる資料をもとに意味を整理し自分のレポートでの用い方を明示しているか	
c. 発展途上（1）	d. 点数なし（0）
以下の点において不十分である □重要な用語とは言えない（この用語より説明すべき用語がある） □信頼できる資料ではない □自分のレポートでどのような意味として用いるのか示していない □用語の定義・説明以外のものが書かれている （一箇所でもチェックがあればこちら）	□定義も自分のレポートでの用語の用い方も書かれていない

議論をするうえで必要な情報（数値等）を整理し，より深く調べるべき課題を特定できているか	
c. 発展途上（1）	d. 点数なし（0）
□議論をするうえで必要な情報（数値・データなど）を調べられていない □背景説明に資料が使われていない □背景資料から更なる課題が特定できていない □本論に入る前に論点が提示されていない （一箇所でもチェックがあればこちら）	□背景説明が書かれていない

本論の1点目と2点目が主張を支えるための観点として適切か	
c. 発展途上（1）	d. 点数なし（0）
□本論が一点しかない □論点を支えるための主張としてどちらも説得力に欠ける □論点と引用資料が全く合っていない □資料解釈（自分の言葉による資料まとめ）がない □論点の1点目と2点目の観点が本論目的からズレている 例：1点目は理由・2点目は対策，1点目は日本の事例・2点目は海外事例 　　（比較）になっている，メリット・デメリットなどを並べているなど （一箇所でもチェックがあればこちら）	□本論が書かれていない

本論（1点目と2点目）からわかったこと・言いたいことを自分の言葉でまとめているか	
c. 発展途上（1）	d. 点数なし（0）
□引用表現の繰り返しで自分の言葉でまとめられていない □資料と解釈がほとんど合っていない （一箇所でもチェックがあればこちら）	□本論のまとめ（これらの資料からわかることは……）が書かれていない

7	第七段落	考察	レポートの目的および背景・本論1・本論2で書かれたことをふまえて，具体的な提案や意見が述べられているか	
			a. 素晴らしい（3）	b. まあまあ（2）
	評価ポイント		□考察が，背景のまとめで提示された目的と一致している。また，本論1・本論2で述べたことを反映して，より詳細・具体的な意見や実現が見込める提案が提示されているため，全体を通して一貫性が感じられる。	考察は書かれているが，以下の点においてやや不十分である □レポートの目的と考察がズレている □本論1・本論2で述べられた内容が一部しか反映されていない □提案が一般的に既に知られている内容で，本レポートで調べなくても述べられるような内容になっている。具体性に欠ける（やや足りない）
8	読みやすさ		見本レポート通りの構成・段落で，読みやすい文章の長さで書かれているか	
			a. 素晴らしい（3）	b. まあまあ（2）
	評価ポイント		□見本通りの構成・段落で書かれており，文章も簡潔で読みやすく書かれている	概ね見本通りだが，以下の点に修正が必要である □構成バランスがやや悪い □段落の一字下げ □長すぎる文章／ねじれ文／話し言葉／目的語がない文がある □文末の不統一箇所がある □誤字／脱字がある （不備：□のチェック数にかかわらず全体で1-3箇所程度）
9	書式ルール		指定された書式（フォント・文字の大きさ・行数・行間など）で，文字数を守って書かれているか	
			a. 素晴らしい（3）	b. まあまあ（2）
	評価ポイント		□書式も文字数を守って書かれている（2250-2750）	□書式に一部不備（1,2箇所）がある □文字数がやや多い（2750–3000），やや少ない（2000–2250）
10	資料		信頼できる多様な資料を調べ，レポートの中で適切に使用できているか	
			a. 素晴らしい（3）	b. まあまあ（2）
	評価ポイント		□複数資料を多様な観点から調べられており，主張と資料も一致し説得力がある	□複数資料は調べられているが似たような資料（発信者）が多い □資料は集められているが検索しやすい・アクセスしやすい資料のみ利用している □毎年出される情報など，明らかに最新情報を調べた方が良い情報が最新のものではない □資料は集められているが，主張と資料にズレがあるところがある
11	引用表現と要約		引用表現を適切に使い，必要な情報を簡潔にまとめて引用しているか	
			a. 素晴らしい（3）	b. まあまあ（2）
	評価ポイント		□引用表現を適切に使い，必要な情報を簡潔にまとめている	□一部引用表現（〜によると，〜という）に不備がある □出典情報が不十分だったり冗長だったりする（著者・組織名が冗長，出版年なし等） □引用情報が冗長だったり，不十分だったりする（長すぎる，簡潔すぎる） （不備：□のチェック数にかかわらず全体で2-3箇所）
12	参考文献		参考文献は，必要な情報が指示通りの方法で統一されて書かれている	
			a. 素晴らしい（3）	b. まあまあ（2）
	評価ポイント		□参考文献は，必要な情報が指示通りの方法で統一されて書かれている	□参考文献の情報に足りない部分がある（筆者・組織名，出版年，資料名，出版社，URL，参照日など） □参考文献の書き方の不備がある（書式不統一，並べ順など） （不備：□のチェック数にかかわらず全体で1-2箇所程度）

レポートの目的および背景・本論1・本論2で書かれたことをふまえて，具体的な提案や意見が述べられているか	
c. 発展途上（1）	d. 点数なし（0）
考察は書かれているが，以下の点において不十分である。 □提案や意見がレポートの目的と合っていない・大きくずれている □本論1・本論2で述べられた内容が全く反映されていない （一箇所でもチェックがあればこちら）	□考察が書かれていない

見本レポート通りの構成・段落で，読みやすい文章の長さで書かれているか	
c. 発展途上（1）	d. 点数なし（0）
見本をよく見て下記の修正が必要である □見本と大きく異なる構成，ナンバリングがない，段落バランスが悪い □段落の一字下げ □長すぎる文章／ねじれ文／話し言葉／目的語がない文がある □文末の不統一箇所がある □誤字／脱字がある （不備：□のチェック数にかかわらず全体で4箇所以上。見本と大きく異なる構成・ナンバリングがない場合は一箇所でもこちら）	□段落・構成がない □アウトラインを貼り付ける，箇条書きになっているなど全体的にまとまった文章として書かれていない

指定された書式（フォント・文字の大きさ・行数・行間など）で，文字数を守って書かれているか	
c. 発展途上（1）	d. 点数なし（0）
□書式に不備がある（3箇所以上） □文字数が多い（3000字以上），少ない（1999字以下） （一箇所でもチェックがあればこちら）	□書式に重大な不備がある（コピーして貼り付けた形跡がある） □文字数が著しく少ない（1000字に満たない）・文字数不明（記載なし）

信頼できる多様な資料を調べ，レポートの中で適切に使用できているか	
c. 発展途上（1）	d. 点数なし（0）／不正行為（厳罰）
□背景，本論ともに1つの資料や著者・発信元に頼っている（定義で1つ，背景・本論で1つの場合もこちら。背景・定義・本論1・本論2は別々の資料が望ましい） □匿名の個人のブログなど信頼性に欠ける資料がある □資料が少ない（1つの論点のみに資料を使うなども含む） （一箇所でもチェックがあればこちら）	□背景・定義・本論1・本論2のいずれか1つでも資料を用いておらず，これまで得た情報について確認せずに感想文のように書いている（点数なし） □引用表現を用いずに資料内容を載せている（不正行為）

引用表現を適切に使い，必要な情報を簡潔にまとめて引用しているか	
c. 発展途上（1）	不正行為（厳罰）
□引用表現（〜によると，〜という）に不備がある □出典情報が不十分だったり冗長だったりするところが多い（著者・組織名が冗長，出版年なし等） □引用情報が冗長だったり，不十分だったりする（長すぎる，簡潔すぎる） （不備：□のチェック数にかかわらず全体で4箇所以上）	□引用表現を用いずに資料内容を載せている □引用表現を用いず部分的に変えたり切りはりして情報を使っている □他者が書いたものを自分のものとして提出している

参考文献は，必要な情報が指示通りの方法で統一されて書かれている	
c. 発展途上（1）	d. 点数なし（0）
□参考文献の情報に足りない部分がある（筆者・組織名，出版年，資料名，出版社，URL，参照日など） □参考文献の書き方の不備がある（書式不統一，並べ順，アウトラインの表をコピーして貼るだけなど） （不備：□のチェック数にかかわらず全体で3箇所以上。アウトラインコピーの場合はチェック数関係なく「発展途上」。）	□参考文献が書かれていない

■ 著者紹介
藤浦五月（ふじうら さつき）
武蔵野大学 グローバル学部
日本語コミュニケーション学科 准教授
博士（言語文化学）（大阪大学）

レポート指導のトリセツ
学生がつまずくポイントを徹底解説

2023 年 3 月 31 日　初版第 1 刷発行 （定価はカヴァーに 表示してあります）

　著　　者　藤浦五月
　発行者　　中西　良
　発行所　　株式会社ナカニシヤ出版
〒606-8161　京都市左京区一乗寺木ノ本町 15 番地
　　　　　　　　Telephone　　075-723-0111
　　　　　　　　Facsimile　　075-723-0095
　　　　　Website　http://www.nakanishiya.co.jp/
　　　　　E-mail　　iihon-ippai@nakanishiya.co.jp
　　　　　　　　郵便振替　01030-0-13128

装幀＝白沢　正／印刷・製本＝ファインワークス
Copyright © 2023 by S. Fujiura
Printed in Japan.
ISBN978-4-7795-1722-8